现代汉语补位“一下”的语法化研究

A Grammaticalization Study of Complement *Yixia* in Modern Chinese

蔡　燕　著

山 东 大 学 出 版 社

图书在版编目(CIP)数据

现代汉语补位“一下”的语法化研究 / 蔡燕著. —
济南:山东大学出版社,2016.8
ISBN 978-7-5607-5580-9

Ⅰ.①现… Ⅱ.①蔡… Ⅲ.①现代汉语—语法—研究
Ⅳ.①H146

中国版本图书馆 CIP 数据核字(2016)第163457号

责任编辑:王文珺
封面设计:张荔

出版发行:山东大学出版社
社　址　山东省济南市山大南路 20 号
邮　编　250100
电　话　市场部(0531)88364466
经　销:山东省新华书店
印　刷:泰安金彩印务有限公司
规　格:850 毫米×1168 毫米　1/32
6.25 印张　170 千字
1 版 1 次:2016 年 8 月第 1 版
印　次:2016 年 8 月第 1 次印刷
定　价:29.00 元

目 录

第1章 绪 论

1.1 问题的提出

在现代汉语中，“一下”在形式上来看是由数词“一”和专用动量词“下”组合而成的。“下”作为一个专用动量词，与其他的动量词(如次、回、遍、趟、场等)一样，具有充当动作的计量单位的功能。它具有动量词一般的句法特点，具有黏着性，一般不能单独使用，通常要与数词、指示词等其他成分组合成动量结构，如“一下”“三下”“几下”“好多下”“这一下”等。其中，“一下”在补语位置的使用极为频繁，我们通常能看到下面的句子：

①他习惯地摸了一下眼镜，耳语地告诉老许：“今早上到区里去，发觉他们在转移！”(罗广斌、杨益言：《红岩》)

②大家纷纷劝他慢一点，或者休息一下再干，他摇摇头，谁的话也不听，只是没命地抡镢头……(路遥：《人生》)

③不妨设想一下，倘若彻底排除掉梦、想象、幻觉的因素，世界不再有色彩和音响，人心不再有憧憬和战栗，生命还有什么意义？(周国平：《周国平自选集》)

④陈克训仍然在为弟弟的前程考虑，不屈不挠地说：“墨涵你好好掂量一下，如果你想离开凹凸山，我就开始活动，这也不是个难事。”(徐贵祥：《历史的天空》)

⑤可是，你，你为了我——怎么连脚步都不肯牺牲一下。

（杨沫：《芳菲之歌》）

⑥那个人脸皮略略红了一下。（李凖：《黄河东流去》）

⑦彼辈若能对自己幽默一下，便不会发这神经病。（林语堂：《林语堂书话》）

⑧她的精神来了，她渴望好好地恶作剧一下，戏弄戏弄这个班门弄斧的人。（张承志：《北方的河》）

⑨“试试吧，好劲的，今天是周末，大家 high 一下吧”，华仔笑眯眯递过来一支大麻。（宁财神：《浆糊·爱》）

简单考察以上例句，我们会发现当“一下”在补语位置时，其谓词性搭配成分十分丰富。“摸”“休息”“设想”“掂量”“牺牲”都是动词，但分属不同的类型；“红”“幽默”是形容词；“恶作剧”是名词；“high”是英文词，具有形容词词义。词性不同、类型不同的搭配成分使“一下”具有了不同的语义特征。在例①中，“摸了一下”中“一下”具有与其他数量结构相同的用法，表示“计量动作、行为的次数”，即具有“计次义”，表示“摸”这一动作发生了一次。但其他例句中“一下”的语义特征，用“计次义”却难以涵盖，而是具有了“非计次义”特征，语义明显虚化、抽象化了。有观点认为“一下”具有短时义，例如“休息一下”相当于“一会儿”，还有观点认为“一下”表达一种轻松委婉的语气。可见，在现代汉语中，“一下”在语义上一定程度上已经超出了数量短语的基本用法，而是具有了非计次义的表意倾向。伴随这种语义的虚化，有些补位的“一下”也已经不再是数量短语，而是进入新的语法范畴。“一下”的这种非计次义表述倾向以及由此衍生出来的语言现象是非常值得关注的。

从语法化角度考察补位“一下”在语言使用中呈现出的非计次义表述倾向以及一词多义、歧义、兼类等现象，能够为其研究提供一个新的切入点。语法化演变是一个包含语音、语义、语用和句法等多个层面变化的系统工程。“无论是哪个层面的语法化，其演变结果总是体现在形式和内容两个方面。语法化在形式方面的演变包括句法结构由自由转化为黏着、由繁复转变为简洁、由基干转为辅助等；语法化在内容方面的演变则包括基本义的抽象化、泛化和主观化的增强等。"[①]本文着重考察现代汉语中补位"一下"在共时层面内容和形式上的变异表现。如:补位"一下"具有哪些虚实程度不同的语义特征?各类语义特征如何判定?它们之间有何衍生关系?伴随语义的变化,其句法表现上有何变化?有无语用功能上的增加?在共时层面补位"一下"的语法化程度如何判定?补位"一下"语法化的动因和机制是什么?等等。我们将尽力揭示现代汉语中补位"一下"的共时变异现象,并对内容和形式的变异之间的"连锁反应"进行充分的描写,同时对其产生机制作适当的解释。

1.2　研究现状

1.2.1　"一下"的历时发展研究

刘世儒的《魏晋南北朝汉语量词研究》、金桂桃的《宋元明清动量词研究》、周娟的《现代汉语动量词与动词组合研究》等在对诸多动量词的衍生发展研究中,均涉及从汉语史的角度来描写"一下"的语义、句法的演变问题,并基本达成了共识。一般认为,"动量词'下'正式形成于魏晋南北朝时期,当时主要称量'击打'义类动词"[②]。在使用上,与"下"搭配使用的动词的"向下位移"特征都很明显,并且这些动词所表示的动作,除具有"向下位移"义外,还具有明确的"短时距"之义。[③] 所谓"短时距",是指单位动作从起点到终点经历的时间很短。在后期南北朝文献中,有些只有"位移"义而没有明确的"向下"义的动词,也可以与动量词"下"合法组配了。[④] 与此类动词组合时,"一

---

① 张谊生:《语法化现象在不同层面中的句法表现》,载《语文研究》2010年第4期。

② 金桂桃:《宋元明清动量词研究》,武汉大学出版社2007年版,第170页。

③ 参见周娟:《现代汉语动词与动量词组合研究》,暨南大学博士学位论文,2007年。

④ 参见周娟:《现代汉语动词与动量词组合研究》,暨南大学博士学位论文,2007年。

下”具有计量动作行为频次的功能。直到隋唐五代时期，与“一下”可组配的依然以具有[＋时限(短时)]特征比较明显的动词为主。宋元时期，“一下”在称量对象上，开始有了既不具有[＋向下位移]特征，也不具有[＋时限(短时)]特征的动词，如“说”。[①] 元朝还出现了动性较强的一般动作动词，如“看”“来”，也有动性较弱的心理意愿动词，如“敲”(敲诈)、“饶”(饶恕)等。到了明清时期，不仅具有[＋时限(短时)]特征的动词(无论其有无方向性)仍与“一下”大量组合，而且具有[－时限]特征的动词与“一下”组合的用例也不少。[②] “一下”在语义特征上，既有计量动作频次的功能，也有表示动作历时短暂的功能。在表示动作历时短暂义时，同时“兼有尝试、轻微、舒缓语气的意义”[③]。

此外，高频的研究认为：补位“一下”始现于唐朝，多出现在禅宗著作中，且只含“定数”义；北宋时期，表示“概数”的“一下”开始出现；北宋以后，表概数义的“一下”语义进一步扩大。根据谓词性成分的性质，“一下”既可分别表示动量或时量，也可兼表动量和时量。[④] 李秀萍则提出“一下”在语义表达上呈现为“表动作＞表数量少＞表时量短”的次第动态变化过程。始现于唐代的“一下”表示“数量少，仅一次”之义。南宋以后，“一下”表示动作的时量短义成了普遍现象。[⑤] 从以上关于“一下”的搭配及语义研究可见，在古代汉语中，“一下”的使用范围渐趋扩大，语义功能随之扩展。

不少学者从汉语史的角度来研究“一下”的语义演变轨迹的同时，还涉及补位“一下”与宾语的位序演变、补位“一下”句法功能的发展等问题。周娟在补位“一下”与宾语的位序问题上作了研究。在魏晋南北朝时期，“一下”与宾语的位序，无论宾语为代词还是其余的名

---

① 参见金桂桃：《宋元明清动量词研究》，武汉大学出版社 2007 年版，第 171 页。

② 参见周娟：《现代汉语动词与动量词组合研究》，暨南大学博士学位论文，2007 年。

③ 金桂桃：《宋元明清动量词研究》，武汉大学出版社 2007 年版，第 184 页。

④ 参见高频：《“一下”的语法化研究》，载《甘肃社会科学》2008 年第 4 期。

⑤ 参见李秀萍：《说“一下”》，东北师范大学硕士学位论文，2007 年。

词性词语，都只有“V＋O＋一下”（其中V表示谓词性成分，O表示宾语，下文同）这一种排序方式，即“一下”在动宾之后。至宋元时期，“V＋一下＋O”的排序方式出现，而且“一下”出现在动宾之间的用例明显增多。[①] 在关于“一下”的句法功能发展的问题上，金桂桃的研究表明，魏晋南北朝时期，“一下”只能充当补语，不能充当状语。隋唐五代时期出现了“一下”作状语的用例。宋元明清时期，“一下”作状语的功能明显增强。此外，“一下”还可以作定语、谓语、宾语等。在组合能力方面，“一下”与指示代词“这”、词尾“子”组合使用较为常见，这与现代汉语普通话也是一致的。[②]

在以上关于“一下”的历时发展研究中，我们看到，从魏晋南北朝到明清时期，关于补位“一下”的搭配情况、语义扩展的情况都有比较详细的描写，对其句法位置和句法功能的发展情况也有一般的描述，但鲜有研究者对其语义和句法的衍生机制作进一步的探究和讨论。

1.2.2 “一下”的语义特征研究

对于现代汉语中补位“一下”的语义特征，不同学者有不同的认识。我们作以下概括：

1)表示动作次数

多数学者明确提出，“一下”为动量结构，表示动作的次数。如赵元任在《汉语口语语法》中认为：“一下”为动量词，表示动作的次数。[③] 朱德熙在《语法答问》中认为：“一下”为专用动量词，表示动作的次数。[④]

2)表示动作的时量

胡附在《数词和量词》中指出，“下”表示时间极为短暂。[⑤] 刘月

---

① 参见周娟：《现代汉语动词与动量词组合研究》，暨南大学博士学位论文，2007年。

② 参见金桂桃：《宋元明清动量词研究》，武汉大学出版社2007年版，第170～187页。

③ 参见赵元任：《汉语口语语法》，吕叔湘译，商务印书馆1979年版，第159页。

④ 参见朱德熙：《语法答问》，商务印书馆1985年版，第34页。

⑤ 参见胡附：《数词和量词——汉语知识讲话》，上海教育出版社1984年版，第53页。

华在《动量词“下”与动词重叠比较》中也说明，“下”用在表示持续性动作的动词后时，前面只能用数词“一”，此类动词所表示的动作持续时间一定很短。[①]

3)兼表动作的次数和时量

更多的学者对补位“一下”语法意义的分析从两方面进行。在吕叔湘的《现代汉语八百词》(增订本)中就在“下”这个词条下分别列了两项：一是动词＋数词＋“下”，如“钟敲了三下”“树枝摆动了几下”；二是动词＋“一下”，表示一次短促的动作，如“给我看一下”“你去问一下老陈”。显然，他对表示一次短促的动作的动词＋“一下”与动词＋数词＋“下”这两类格式是区别对待的。在动词＋数词＋“下”格式中，如果动作只进行一次，那么就是动词＋“一下”，与表示短促动作的格式相同。[②]

相原茂在前人研究的基础上，把该类格式中的“一下”分为两类：“一下 1”和“一下 2”。他在《数量补语“一下”》中细致地区别了“一下1”与“一下 2”：“一下 1”是数词“一”＋量词“下”，表示动作的回数，可能还有“两下、三下、四下……n 下(n 表示自然数)”；“一下 2”是表示动作出现的回数，且时间是少量的，语感上带有轻微或轻松的意味，没有“两下、三下、四下……n 下”。[③]

此外，胡孝斌指出，“V＋一下”表示具体的一次动作、动作的短时、少量和尝试义。[④] 郭锐在《现代汉语词类研究》中指出，“一下”为动量词时是动作的计量单位，为时量词时是时间的计量单位，表示不确定的时长。[⑤]

从以上概述来看，在以往研究中，补位“一下”的语法意义一般被大

---

① 参见刘月华：《动量词“下”与动词重叠比较》，载《汉语学习》1984 年第 1 期。

② 参见吕叔湘：《现代汉语八百词》，商务印书馆 2002 年版，第 565 页。

③ 参见[日]相原茂：《数量补语“一下”》，沙野译，载《汉语学习》1984 年第 4 期。

④ 参见胡孝斌：《试论动词重叠“V V”式与动词“V 一下”式的差异》，载《汉语学习》1997 年第 2 期。

⑤ 参见郭锐：《现代汉语词类研究》，商务印书馆 2002 年版，第 206 页。

致分为两类:第一类表示具体的动作次数,一般记作“一下 1”;第二类表示少量、短时等与动作相关的虚化的意义,一般记作“一下 2”。

4)表示控制动词的量

甘智林认为“一下 2”不但可以表示短时、少量、尝试等意义,还可以强化动词的动作性,加强语气。他用“控制动词的量”来概括“一下 2”的语义特征,即“或者从客观上突显动作自主的短时量的持续,或者从主观上减弱动作的量,强化动词的动作性与弱化动词的动作性是同一个问题的两个方面”[①]。他认为,“V+一下 2”所表示的量主要是指动词的动作郑重程度的高低及语气强烈与缓和两个方面的量。如“有时候人家说,还要研究一下”及“现在请你思考一下这个问题”。他认为这两个例句中的“一下”强化了动词的动作性,表示加强语气。[②] 胡孝斌则阐述了不同的观点。他在比较“V+V”和“V+一下”两种格式的差异时指出:“V+V”可以表示多量,而“V+一下”则不可以表示多量。如“你看看人家,多有出息,咱们也向人家学习学习”及“你也去打听打听,那是什么地方”。他指出,上述两例中的“看看”“打听打听”不可以换成“看一下”“打听一下”。因此,他认为“V+一下”格式不能表示加强语气。[③] 由此看来,甘智林和胡孝斌在“V+一下 2”格式是否可以加强语气方面产生了分歧,这需要我们作进一步的探讨和验证。

1.2.3 “一下”与动词的搭配研究

对于现代汉语补位“一下”与动词的搭配研究,不少学者从“V+一下 1”和“V+一下 2”两种格式分别来进行分析。

---

① 甘智林:《“V+一下 2”格式的语法意义》,载《湖南文理学院学报》(社会科学版)2004 年第 5 期。

② 参见甘智林:《非自主动词也可以进入“V+一下 2”格式》,载《汉语学报》2005 年第 2 期。

③ 参见胡孝斌:《试论动词重叠“VV”式与动词“V 一下”式的差异》,载《汉语学习》1997 年第 2 期。

1)关于“V＋一下1”格式的动词选用

相原茂在《数量补语“一下”》中初步界定了进入“V＋一下1”格式的动词的特征:①身体个别部位的具体动作,动作有调节的可能。②每一次动作都有明确的区分,即动作为非持续性的。③动作可就地反复。[①]

甘智林在《“V＋一下”格式的歧义现象》中认为有界动词可以进入“V＋一下1”格式。这些有界动词在人们的认知中大多有时间轴上的内在起始点和终止点,具有可重复性,能用数量词限定其数量特征,因而可以用数量短语“一下”作补语。[②]

2)关于“V＋一下2”格式的动词选用

相原茂对能进入“V＋一下2”格式的动词没有给出比较明确的限定,但提供了一种判别方法,即:能用“V＋了几下”提问的动词是能进入“V＋一下1”的动词,否则是进入“V＋一下2”的动词。[③] 他把能进入“V＋一下2”格式的动词分为两大类:

(1)有界动词。他认为能进入“V＋一下1”格式的有界动词都有一个平行的“V＋一下2”格式,并认为这也正是造成两类格式出现歧义的原因。例如:“敲”＋“一下1”(有“敲两下、三下、四下……n下”的形式,表示动作的次数)“敲”＋“一下2”(没有“敲两下、三下、四下……n下”的形式,凸显动作的短时量的持续)。如果只说“敲一下”而没有其他成分,其中的“一下”则有两种意义,从而产生了歧义。

(2)无界动词。①持续性自主动词,如“安慰”“表示”“承担”等。这类动词的语义特征是[＋自主][＋动作][＋持续]。②部分非持续性自主动词。如“表决”“参加”“请教”等。它们的语义特征是[＋自主][＋动作][－持续]。以上两类动词在时间轴上没有内在的起始

---

① 参见[日]相原茂:《数量补语“一下”》,沙野译,载《汉语学习》1984年第4期。

② 参见甘智林:《“V＋一下”格式的歧义现象》,载《安徽农业大学学报》(社会科学版)2005年第1期。

③ 参见[日]相原茂:《数量补语“一下”》,沙野译,载《汉语学习》1984年第4期。

点和终止点，不具有可重复性，不能用数量词限定，是无界动词，但都是由动作发出者主观决定并且自由支配的动作行为，即它们都是自主动词。③部分非自主动词。其语义特征是[－自主][＋属性]。如："输一下球没关系""丢一下车算什么"等。[①]

3)其他有关"V＋一下"格式中动词选用的观点

刘月华在《动量词"下"与动词重叠比较》中认为，因为"下"在动词后表示短暂的动作，所以某些非动作动词、表示心理状态的动词、状态动词以及能愿动词后面都不能用"一下"。有些动词表示的动作往往费时较长，不是瞬息可以完成的，后面一般也不能用"一下"。[②]胡孝斌在《试论动词重叠"V V"式与动词"V 一下"式的差异》中认为单音节非自主动词后不能加"一下"；不表示持续意义的、表贬义或者消极意义的双音节动词，非重复的、表心理活动的双音节动词，结合较紧密的结构后都不能加"一下"。从动词分类上看，判断词、助动词绝对不能采用"V＋一下"的形式，几乎所有带复合趋向补语的动词都不能用"V＋一下"的形式。[③] 李允玉在《"VV""V 一下""V 一会儿"格式与动词的选用》中比较了"V＋V""V＋一下""V＋一会儿"三种格式，指出它们是动词的广义形态变化，与动词的选用关系表现在：①除少数心理动词外，只有动作动词能出现在三种格式中；②在动作动词中，只有持续动词能出现在三种格式中；③在持续动词中，一般持续动词和短持续动词可以出现在三种格式中，长持续动词中具有积极意义的才能进入三种格式中。[④]

从以上研究可以看出，由于各位学者研究的出发点不同，运用了

---

① 参见甘智林：《"V＋一下"格式的歧义现象》，载《安徽农业大学学报》(社会科学版)2005 年第 1 期。

② 参见刘月华：《动量词"下"与动词重叠比较》，载《汉语学习》1984 年第 1 期。

③ 参见胡孝斌：《试论动词重叠"VV"式与动词"V 一下"式的差异》，载《汉语学习》1997 年第 2 期。

④ 参见李允玉：《"VV""V 一下""V 一会儿"格式与动词的选用》，载《上海师范大学学报》(社会科学版)2001 年第 3 期。

不同的动词分类系统进行分析，所以结果多有不同之处，但明显可以感到这些分析越来越清晰，探讨越来越深入。但是他们对于“一下”与动词的搭配研究一般是列举式的，难免有所疏漏，且有些用例并非来自真实语料，仅是一种自省式的研究。

1.2.4 “一下”与宾语的位序研究

数量词在句中的语序问题受到了部分学者的关注，对于补位“一下”在句中与其他成分的位序问题也有所论及。这主要体现在“一下”与句中宾语的位置关系上。学者们对此的看法多有不同，主要有以下几种观点：

1）普通话中只有“V＋一下＋O”一种语序

李兴亚在《宾语和数量补语的次序》中明确指出，含有量词结构“一下”的句子，只能用“宾补”式。他还指出，在文学作品中，代词作宾语的句子偶尔也用“补宾”式，但这种用法极为罕见。他认为这种用法是受了方言的影响，普通话中没有这种用法。①

2）有“V＋一下＋O”和“V＋O＋一下”两种语序

相原茂在《数量补语“一下”》中，在区别“一下 1”和“一下 2”的基础上，认为当“一下”是表示动作回数时（即“一下 1”），宾语是代词或表人名词的情况下，语序是“V＋O＋一下”；宾语是代词或表人名词以外的词的情况下，语序是“V＋一下＋O”。当“一下”是表示动作时量短、动量小的“一下 2”时，若宾语是代词或表人名词，语序有两种：“V＋O＋一下”和“V＋一下＋O”；若宾语是代词或表人名词以外的词时，语序只有一种：“V＋一下＋O”。②

甘智林在《带宾“V＋一下 1”、“V＋一下 2”格式的语序问题》中根据对动词及名词的有界、无界的区分和彼此搭配的优先与否，重新

① 参见李兴亚：《宾语和数量补语的次序》，载北京语言学院语言教学研究所：《现代汉语补语研究资料》，北京语言学院出版社 1992 年版，第 289 页。

② 参见［日］相原茂：《数量补语“一下”》，沙野译，载《汉语学习》1984 年第 4 期。

对“一下”的语序问题进行了研究，在划分上更为细致。他认为在“V＋一下1”中，当宾语是非代词可表人名词的情况下，也有两种格式，即“V＋O＋一下1”和“V＋一下1＋O”，而相原茂则认为只有“V＋一下1＋O”一种语序。甘智林认为“V＋一下1”与“V＋一下2”两类格式在动词选用及语法意义上都有很大的区别，它们带宾语时的语序相应地就要受到动词的选用、语法意义这两个因素的制约。[①]

以上关于“V＋一下”与宾语的位序问题的研究主要是从宾语的类别入手的，有的也考虑到动词搭配项的语义特征。但宾语的位序与补位“一下”的不同语义特征是否有关系，是否涉及语义与句法、功能的互动问题，这都值得进一步研究。

1.2.5 “一下”的句法属性研究

随着有关补位“一下”语义特征方面研究的增多，对其句法属性问题的研究就更显得薄弱，尤其是对于补位“一下”的定性问题还没有专门的分析和论述。从目前的研究成果来看，对于“一下”词性的认识还存在一定的分歧。现有研究可概括为以下方面：

1)对整个数量结构句法地位的研究

“数词＋动量词”结构的句法成分和句法地位的界定一直是汉语语法学者探讨的中心话题之一。数量结构在句子中所扮演的功能角色，在学界依然一直存有争论：一是动词后的数量结构是宾语、补语还是谓语的问题，二是名词前的数量结构是动词的补足语还是名词的修饰语问题。

2)对于“V＋一下2”中“一下2”的句法属性的确定

关于“一下2”性质的研究不多，而且分歧也比较大。相原茂认为“V＋一下2”没有计次的动量意义，但是他最后还是给

① 参见甘智林：《带宾“V＋一下1”、“V＋一下2”式的语序问题》，载《长沙铁道学院学报》(社会科学版)2005年第1期。

"V＋一下 2"结构定性为动补结构。[①] 甘智林不同意"一下 2"是"数词＋量词"结构，认为它是一个名词性的词，其功能是表示极少的量。[②] 李允玉认为"一下 2"是语法化的，不表示数量的多少，"我们把它看作动词的外部形态变化"[③]。对"V＋一下 2"结构中的"一下 2"的性质还需要慎重考虑，但以上学者的研究至少可以证明"一下 2"是一个表示短时少量的虚化成分。

从目前研究来看，对于补位"一下"的句法属性问题还存在很大的分歧。从语法化的角度能否作出更好的分析与定性，值得探讨。

1.2.6 "一下"的语用功能研究

早期学者相原茂认为，"一下"表示的时间是少量的，语感上带有轻松的意味。[④] 刘月华在《动量词"下"与动词重叠比较》中提出"一下"为专用动量词，表示动作的次数，一般用于短时间的动作，同时有舒缓语气、委婉表达主观愿望的作用。[⑤] 胡孝斌在《试论动词重叠"VV"式与动词"V 一下"式的差异》中指出，"V＋一下"表示轻松、随便的语气。[⑥] 甘智林通过举例对比指出，加"一下"的句子比使用动词原型明显带有主观评价色彩，体现了把话说得轻松、随意的一种努力。[⑦] 但他们都未对补位"一下"的语用功能及分布情况作深入的研究和分析。

---

① 参见[日]相原茂:《数量补语"一下"》，沙野译，载《汉语学习》1984 年第 4 期。

② 参见甘智林:《论动量词"下"的语义特征》，载《湖南工业大学学报》(社会科学版) 2008 年第 4 期。

③ 李允玉:《"VV""V 一下""V 一会儿"格式与动词的选用》，载《上海师范大学学报》(社会科学版) 2001 年第 3 期。

④ 参见[日]相原茂:《数量补语"一下"》，沙野译，载《汉语学习》1984 年第 4 期。

⑤ 参见刘月华:《动量词"下"与动词重叠比较》，载《汉语学习》1984 年第 1 期。

⑥ 参见胡孝斌:《试论动词重叠"VV"式与动词"V 一下"式的差异》，载《汉语学习》1997 年第 2 期。

⑦ 参见甘智林:《非自主动词也可以进入"V＋一下 2"格式》，载《汉语学报》2005 年第 2 期。

近年来，学界尝试对“一下”的语用功能作了一些分析。如卢福波、吴莹在《请求句中“V”、“V 一下”与“VV”的语用差异》中分析了“请求”句中的三种结构形式“(请)V”“(请)V＋一下”“(请)V＋V”的形式特点、语用含义及其语效，认为三种格式所蕴涵的语用含义是各有侧重的，其语的、语力和语效都形成一个由强至弱的序列：“(请)V”＞“(请)V＋一下”＞“(请)V＋V”。①

单宝顺在《“一下”与礼貌原则》中从“礼貌原则”对句子的表达要求出发，依托一定规模的语料库，以“V＋一下”格式为例证，考察“小量义”格式的语用功能，认为现代汉语中“礼貌原则”的表达和“小量义”格式有着密切的关系。在对500个例句进行穷尽性分析的基础上，他通过具体的例句和数据，验证了文章的观点，即现代汉语中“小量义”格式一个重要的语用功能是表现“礼貌原则”。②

蒋湘平在《对“V 一下 2”格式的语用考察》中对“V＋一下 2”格式的语用问题进行了考察，主要探讨了以下问题：“V＋一下”在什么样的语境中有缓和语气的作用？它还可以出现在哪些语境中，其语用功能又是什么？是怎样产生的？结论为：指令言语行为句是“V＋一下 2”出现的典型语境，在这类语境中“V＋一下 2”的作用是减弱要求语气，表示礼貌；在断言言语行为句中，“V＋一下 2”的语用功能是表达说话者对命题内容“往小里看”的主观评价；在承诺言语行为句中，说话者可以用“V＋一下 2”来减轻听话者的负债心理，来让自己避免承担更多的责任以及保全自己的面子；在责备言语行为句中，“V＋一下 2”舒缓了对听话者面子的侵袭程度，也表示礼貌。③

从目前的研究来看，不少研究者已经开始关注补位“一下”的语用功能，这是很值得肯定的，但一般研究者仅就语用功能作孤立的分

---

① 参见卢福波、吴莹：《请求句中“V”、“V 一下”与“VV”的语用差异》，载《语言教学与研究》2005年第4期。

② 参见单宝顺：《“一下”与礼貌原则》，载《辽东学院学报》(社会科学版)2009年第2期。

③ 参见蒋湘平：《对“V 一下 2”格式的语用考察》，载《汉语学习》2012年第4期。

析，而忽视了语用功能的语义基础。我们认为，补位“一下”语用功能的产生是其语义主观化发展的结果，是语义进一步虚化的表现。

1.2.7 以往研究的不足及有待解决的问题

通过考察前人对“一下”历时发展的研究成果，我们可以看到“一下”的“使用范围不断扩展，其对动词的语义选择及其本身所表示的语法意义，都呈现出一种‘累增’的状态”①。现代汉语中补位“一下”的语义句法特征是古代汉语的延续与发展，其历时演变的研究结论，能够为现代汉语补位“一下”的研究提供参考和思路。而综观现代汉语“一下”的研究现状，虽然对其语义特征、与动词的组配、与宾语的位序关系、句法属性、语用功能等方面的研究正渐趋深入，但还存在以下问题：

首先，目前对于“一下”语义特征的研究是逐步深入的，对补位“一下”进行分类考察的思路是值得肯定的，且表示具体的动作次数的“一下 1”和表示短时的“一下 2”之间的判定标准也比较清晰，但“一下 2”内部的情况比较复杂，存在语法化程度上的差异，因此有必要再作区分，进而进行更细致的研究。

其次，对于补位“一下”与谓词性成分的搭配研究，目前以基于内省的研究居多，一般是列举式的。但搭配的研究关系到补位“一下”的称量对象，称量对象的具体情况则直接影响“一下”语义类型的界定与划分及其语法化程度的判定问题。因此有必要在现代汉语真实文本语料库中对补位“一下”的谓词性搭配项作更加全面的统计与研究。

再次，目前的研究普遍认识到在现代汉语中，补位“一下”存在着共时的变异情况，表现在语义呈现多样性，句法呈现多功能性，但还缺少对其语义、句法和功能的分布情况的整体的定量描写，并缺少对其一词多义、歧义、兼类问题的具体分析与解释。利用语法化理论来系统探讨这一问题的研究还很少见，这正是本书的研究重点。

---

① 周娟：《现代汉语动词与动量词组合研究》，暨南大学博士学位论文，2007 年。

1.3　指导理论和研究方法

1.3.1　指导理论

语法化(grammaticalization)理论能够为我们的研究提供理论依据和方法指导。语法化理论是近年国内外语言学界研究的热点课题之一。它是由美国功能主义者发展起来的认知语言学派的一门新理论,从认知角度解释了语言结构的形成和演化。语法化理论的基本观点是:“语言具有不稳定性,语言的范畴具有非离散性,语言的结构和语言的使用是互相依赖的。也就是说,语法是在语用中逐渐成形的,同时也是不断变化的,功能需求塑造了语法。”①

语法化,具体指语言中意义实在的词演变为无实在意义、表语法功能的语法成分,或者一个较虚的语法成分变成更虚的语法成分的现象,是实词虚化为语法标记或者已经虚化的词获得新的语法功能的现象或过程。② 语法化研究作为语言学家们对语法化现象的理论归纳,其主要目的是探索语法范畴和语法成分产生和发展的特征、规则及其机制。对语法化现象的理论研究主要集中在两个方面:语法化的演变形态及其演变机制。

从演变形态来看,语法化演变是一个包含语音、语义、语用和句法等多个层面的变化的系统工程,其演变形态表现出鲜明的单向性。语法化问题涉及实词的实在意义如何由实到虚,如词义抽象化、泛化、弱化乃至完全消失的演变过程。实在意义虚化的同时或之后,实词在频繁的使用过程中获得了进一步的信息表达功能,即意义实在

---

① 吴福祥:《汉语语法化研究的当前课题》,载《语言研究》2005年第2期。

② 参见高玲玲:《视觉动词SEE语义演变的认知语用阐释》,载《安徽大学学报》(哲学社会科学版)2008年第3期。

的词成为一个表示一定语法功能的特定语法形式。因此，处于语法化过程中的词语的结构功能具有由实词到功能词的转变特征。“词汇化”(lexicalization)也是语法化的一个方面，汉语中的一些结构短语经过几个世纪以来的频繁使用，逐渐固化成词。①

语法化演变的机制(mechanism)和动因(motivation)的研究既是当今语言学界关注的焦点，也是语法化理论的重点所在，目前得到较为广泛认可的研究有：语言结构的重新分析(reanalysis)以及对重新分析结果的类推(analogy)；语义迁移过程中的隐喻(metaphor)和转喻(metonymy)；句法结构的固定性(语言结构的制约)；语用因素，涉及语言主观化的问题。

20 世纪 70 年代之后，语言学理论与语言研究方法的发展使语法化研究进入了一个新时期，呈现出新的特点。第一，语法化的研究方法由重视历时研究转向共时研究，并将历时研究和共时研究相结合，以解决过去难以解释的现象。语法化现象既可以从历时的角度去研究，也可以在历时的基础上从共时的角度去构拟。语法化是一个过程，其结果以共时的面貌展示出来，其中必然浓缩了历时成分。第二，由过去的侧重描写转向侧重解释，以探索语法化现象背后的规律、原则及机制。借助于认知语言学、语用学、功能语言学等语言理论对语法化过程中的语义变迁、结构变化和功能拓展进行新的分析和解释。

在现代汉语中，补位“一下”所表现出来的多义性特征和多功能性特征正是语法化的表现，是其历时语法化演变在共时层面的体现。语法化理论关于演变形态、演变机制、共时语法化研究的方法等内容能够为补位“一下”的语法化研究提供理论和方法指导。

---

① 参见胡晓慧：《20 世纪 90 年代以来汉语语法化研究述评》，载《西南交通大学学报》(社会科学版)2008 年第 3 期。

1.3.2　研究方法

1)定量与定性相结合

我们在对补位“一下”进行定性分析的同时,特别注意定量分析方法的利用。主要是运用语料库语言学方法,建立现代文学作品语料库,为研究补位“一下”在共时系统中的使用频率和搭配关系提供详尽的定量数据。语料库的自然数据来自于真实语言交际活动,体现了语言使用的真实规律。而这些真实的自然数据所体现的语言使用的真实规律,要借助计量研究的方法统计出来。“计量研究是语言研究中的一种重要方法,就是通过对语言的结构、分布、使用、变迁等要素进行数量分析来揭示语言的状态、性质与特点的一种方法。”① 计量统计与分析体现了语言研究的客观性,对于探索语言演变的规律具有很强的针对性。

本研究在对补位“一下”进行考察时,利用其在语料库中的使用频率、搭配情况、语义呈现、句法功能分布等各方面的统计数据,多角度、全方位地探讨补位“一下”的使用情况,力争全面地把握语言事实,较为客观地解释语言现象,以期得出比较符合语言实际的结论。

2)描写与解释相结合

语言研究不仅要对语言现象作出恰当的描写,而且要对语言现象进行合理的解释。美国语言学家乔姆斯基指出,进行语言研究,要尽可能做到观察充分、描写充分、解释充分。语言学研究的主要工作不应当只是搜集语言素材加以归纳,还应对语言现象进行解释。只有加以充分的解释,才能认识到语言现象内在的发生机制。

本书对于现代汉语补位“一下”的语法化研究尽量做到对其在共时层面上语义、句法和功能分布进行详尽的描写,从语言事实中发现各种语义、功能及语用上的细微变化,进而探讨现代汉语中补位“一

① 苏新春:《计量方法在词汇研究中的作用及频级统计法》,载《长江学术》2007年第2期。

下”的语法化途径和动因。

1.4 研究内容和研究意义

1.4.1 研究内容

语法化演变是一个包含语音、语义、语用和句法等多个层面的变化的系统工程，其演变形态表现出鲜明的单向性。“无论是哪个层面的语法化，其演变结果总是体现在形式和内容两个方面。语法化在形式方面的演变包括句法结构由自由转化为黏着、由繁复转变为简洁、由基干转为辅助等；语法化在内容方面的演变则包括基本义的抽象化、泛化和主观化的增强等。”①本研究将利用语料库及语言统计学的理论和方法，对现代汉语中补位“一下”的语义、句法、功能的共时分布情况作定量统计与分析，并理清其内容和形式变异的连锁反应和相关性，同时对其语法化演变的动因和机制进行探求。具体研究内容包括以下方面：

1)“一下”的语义多样性分析

探讨现代汉语中，补位“一下”共时语法化的语义多样性表现，具体来说，就是归纳“一下”在补位的多种语义类型。在现代汉语中，补位“一下”的多重语义关系是由于其在语言使用过程中语义虚化，进而引申出抽象的、空泛的意义而产生的。语法化程度越高的“一下”，其语义虚化程度就越高，所搭配的词类范围就越大。本研究在自建的大规模现代汉语文学作品语料库中利用检索及搭配抽取技术对“一下”的谓词性搭配项进行了穷尽性的统计，并对其从词性、语义类别、界性类别等方面进行分类，从不同的搭配类别入手概括补位“一下”不同的语义特征。总之，理清“一下”在同一格式中的不同语义特征是进行语法化研究的基础，搞清语义虚化与词类搭配的关系是切入点。

---

① 张谊生：《语法化现象在不同层面中的句法表现》，载《语文研究》2010年第4期。

2)“一下”的句法多功能性分析

随着语法化程度的逐步增强,“一下”在意义虚化的同时,其句法功能也在发生着改变,在句法行为上表现出虚词性特征。这就涉及语义虚化与句法属性的关系问题。语言系统是一个有机的整体,各要素之间是相互依赖、相互制约的关系。在语言漫长的发展过程中,某一语法现象发生变化,必然会引起与之相关的语法结构的连锁反应。“一下”在发展演变中,语义衍生必然与结构、功能建立连锁反应,这包括补位“一下”与宾语的位序关系改变、黏着性增强、句法地位降低、标记性功能增加等问题。本书将细致描写补位“一下”语义变化、结构演变、功能增加的情况,并试图对各要素之间的相互依赖、相互制约关系进行定量与定性的探讨。

3)“一下”语法化的动因与机制

从语法化角度解释现代汉语补位“一下”共时变异这一问题,仅仅满足于对语言现象进行描写和刻画是不够的,还要进一步探讨其语义多样性和句法多功能性及连锁反应产生的原因和途径。本研究根据现代汉语补位“一下”的意义表现和功能表现,考察促成其发生语法化的可能因素,试图从使用频率、认知因素、语言内部因素、语言主观化四个方面对其语法化的动因和机制进行综合分析。

1.4.2 研究意义

本书研究现代汉语补位“一下”的共时语法化问题。本研究的理论意义体现在以语法化理论为切入点,通过定量统计分析补位“一下”的语义、句法、功能的分布情况,揭示其在共时系统中的变异和趋势及其演变机制,把个别的研究纳入更广泛的语言研究视野中,揭示语言形式不断丰富的原因,加深对汉语语法发展内部规律的认识。语法化的研究视角摒弃对语言现象的孤立考察,将补位“一下”的变异现象纳入语言系统的研究内,将其语义问题、与谓词性成分的搭配问题、与宾语的位序问题、句法地位和句法属性问题纳入一个系统之内,并使之得到更为合理、更为有效的解释,进而为补位“一下”的多义性、多功能性勾勒出衍生脉络。

本书利用共时系统语料来研究补位“一下”在现代汉语中的变异现象，进一步说，是从共时的角度研究补位“一下”的语义范畴和语用功能是如何被语法形式表征的问题，并运用相关的语法化标准来测试其不同功能或不同形式的语法化程度，进而据此归纳出从范畴性较高的形式或典型的用法到范畴性较低的形式或不太典型的用法的语法化系统。这正是共时语法化理论的研究重点。现代汉语补位“一下”的共时语法化研究能够从语言共时系统的复杂性特征这一角度阐明，语言单位各个阶段的语法化表现不仅具有历时的继承性，还具有共时的并存性。因此，本书对于现代汉语补位“一下”的研究能够为共时语法化理论提供、增添一个新的例证。

本章介绍现代汉语补位“一下”研究的缘起、相关研究综述、本研究的理论基础和研究方法以及研究内容和研究意义。本研究的理论基础是语法化理论。本研究从语法化角度深入探讨相关问题，为现代汉语补位“一下”的研究提供了一个新的视角，为研究的理论创新打下基础。在研究方法上，本研究注重定量与定性相结合、描写与解释相结合。本研究的内容是对现代汉语补位“一下”的语义、句法、功能的共时分布情况作定量统计与分析，理清其内容和形式变异的连锁反应和相关性，同时对其语法化演变的动因和机制进行探求。本研究的意义表现在以语法化视角研究补位“一下”的多义性和多功能性，勾勒其衍生脉络，这能够揭示语言形式不断丰富的原因，加深我们对汉语语法发展内部规律的认识。利用共时系统的语料研究补位“一下”的变异，阐明语言单位各个阶段的语法化表现不仅具有历时的继承性，还具有共时的并存性，这能够为共时语法化理论提供例证。

第 2 章　语料库的建设

根据研究需要，为更好地反映现代汉语补位“一下”在共时平面上的使用和分布情况，本书建设了母本规模达到 4000 余万字符的现代汉语文学作品语料库。利用现代汉语文学作品语料库可以使研究工作建立在客观、科学的基础之上，获取现代汉语补位“一下”完整的动态的信息，最终形成对其语义多样性和语法多功能特征的全面描述。

2.1　建库理念

“语料库的发展已经历了第一代和第二代，目前正向第三代语料库发展。”[①]动态性和流通性是第三代语料库的本质属性。共时语料库试图涵盖某一特定时期的作品，以真实地反映这一时期的语言使用状况。而采集不同时期作品来组成的所谓的历时语料库能够帮助我们对一种语言在不同历史时期在词汇和语言结构方面所经历的变异作出系统的研究。[②]

“现代汉语”是一个跨度比较大的集合，对其分阶段建库以便统计对比所需要的语言信息是可取的。这实际上体现的是“共时中的

① 邢红兵：《基于第三代语料库的信息领域术语动态更新》，载《语言文字应用》2000 年第 2 期。

② 参见黄昌宁、李娟子：《语料库语言学》，商务印书馆 2002 年版，第 33 页。

历时”观念。本研究基于第三代语料库的建设理念，按照时代的发展特点选取了 1919 年到当代的语料，建立现代汉语文学作品语料库。这是一个体现“共时中的历时”观念的语料库，它有助于我们考察现代汉语补位“一下”在不同时期的使用情况及某些句法表现所经历的变异情况。

2.2 语料收集

语料的收集是保证语料库科学性和实用价值的关键环节。本研究在语料收集方面，关注了语料的代表性和平衡性。

代表性体现在建立在该语料库基础上的语言学分析结果应能够概括、体现现代汉语补位“一下”的整体特性。本书中所选取的语料来自各种出版物，按照随机原则选材。同时考虑到各种不同题材的平衡，注意文章类型的多样性，力争比较全面地反映语言的使用状况。平衡性体现在两个方面：一是内容的平衡。文学作品包括小说、戏剧、散文等，这些语料的内容涉及语言使用的各个方面，基本能够反映当前语言的使用状况。文学作品语料中既有人与人交际时面对面的对话这种口语化的语言，也不乏场景的描写、内心的独白，可谓口语、书面语兼具，因此选取文学作品语料就兼顾了口语和书面语两种语体。二是时间上的平衡。本书主要是从共时角度考察语法化进程对现代汉语补位“一下”的影响，所以在选取语料时还注意到时间层次上的平衡。针对本研究的需要，文学语料覆盖了 1919 年至今的作品，按照时代的发展可分为 5 个时期。表 2-1 显示的是现代汉语文学作品语料库语料的构成比例情况：

表 2-1　　现代汉语文学作品语料库的构成

	分期①	字数(万)
文学作品语料库	1919～1949 年	847.3
	1950～1978 年	830.6
	1979～1989 年	767.6
	1990～1999 年	854.3
	2000 年至今	759.5
	总计	4059.3

文学作品语料库共涉及 156 个文本，约 4059.3 万字符（文学作品语料清单详见附表 1）。这是语料库的全部对象，是本研究的母本语料库。由于工作量和文本内码及格式等原因，我们从中抽样建立了 1200 余万字符的语料库，进行了分词标注，对于分词标注的文本进行了词频统计，信度大约为 85%，基础和高频部分的数据可以作为搜索样本的参考。同时，本研究在母本语料库中穷尽式地搜索了以"一下"为关键词的检索句，对近 20 万字符的检索句样本作了重点校对。这能够为研究补位"一下"在共时系统中的使用频度和搭配关系提供详尽的定量数据，以做到充分描写基础上的定性分析。为了便于核对原文出处，研究中保留了源文件、分词文件和抽样文件。下面对语料的加工和基本统计数据进行介绍。

2.3　语料的加工

语料库加工的第一项工作主要包括自动分词和词性标注。本研

① 在下文中，各时期用简称代表：1919～1949 年简称为"第一时期"；1950～1978 年简称为"第二时期"；1979～1989 年简称为"第三时期"；1990～1999 年简称为"第四时期"；2000 年至今简称为"第五时期"。

究所建的现代汉语语料已借助中科院计算所汉语词法分析系统(Institute of Computing Technology, Chinese Lexical Analysis，简称 ICTCLAS)进行了自动分词和词性标注，这样便于对补位"一下"的使用情况进行统计。根据 ICTCLAS 提供的汉语文本词性标注标记集，动量词的词性标记代码为 q，其他主要词类的具体代码标准如表 2-2 所示。

表 2-2　　ICTCLAS 中现代汉语的词类代码

词类	标记	词类	标记	词类	标记	词类	标记	词类	标记
形容词	a	语素	g	习用语	l	量词	q	动词	v
区别词	b	前接成份	h	数词	m	代词	r	标点符号	w
连词	c	成语	i	名词	n	处所词	s	非语素字	x
副词	d	简称略语	j	拟声词	O	时间词	t	语气词	y
叹词	e	后接成份	k	介词	p	助词	u	状态词	z
方位词	f	形容词语素字	ag	副词性语素词	dg	名词性语素词	ng	动词性语素字	vg

分词标注语料库建立之后，就可以对补位"一下"进行初步的检索工作。语料库加工的第二项工作是人工校对，即对分词语料中存在的切分及标注错误进行校对。本研究采取人工干预的方式重点对"一下"检索句进行检查，校正错误信息，主要是切分错误、标注错误。通过人工校对获得准确数据，在此基础上进行后续工作。涉及"一下"的切分错误和标注错误如表 2-3 所示。

第一，切分错误。

表 2-3　　切分错误的校对

序号	校对前	校对后
1	半壁/n　山/n　样/ng　的/u　煤/n　,/w　都/d　叫/p　它/r　一/m　下装/n　完/v　了/y　。/w	半壁/n　山/n　样/ng　的/u　煤/n　,/w　都/d　叫/p　它/r　一/m　下/q　装/v　完/v　了/y　。/w
2	在/p　欢乐/an　达到/v　高峰/n　时/t　,/w　一/m　下落/n　下来/v　的/u　却/d　是/v　一/m　个/q　巨大/a　的/u　悲剧/n　。/w	在/p　欢乐/an　达到/v　高峰/n　时/t　,/w　一/m　下/q　落/v　下来/v　的/u　却/d　是/v　一/m　个/q　巨大/a　的/u　悲剧/n　。/w
3	请/v　谈/v　一/m　下马/v　老师/n　的/u　治学/vn　思想/n　。/w	请/v　谈/v　一/m　下/q　马/n　老师/n　的/u　治学/v　思想/n　。/w
4	一/m　下班/v　车/n　,/w　看见/v　戴/v　着/u　孝帽/n　接/v　我/r　的/u　堂兄/n　。/w	一/m　下/v　班车/n　,/w　看见/v　戴/v　着/u　孝帽/n　接/v　我/r　的/u　堂兄/n　。/w

以上的分词切分错误主要包括两种类型:一是该分未分,如例 1 中的“下装”不应合在一起标注,而应标注为动量词“下/q”和动词“装/v”。造成误切分的原因是“下装”本身也可以作为有意义的单位出现在句子中。这是由“装”的多义性造成的。例 2 也属于此类切分错误。例 3 中的“下马”,应切分为动量词“下/q”和专有名词“马/n”。造成误切分的原因是“下马”本身也可以作为有意义的单位出现在句子中。二是歧义切分,这一类错误主要表现在(AB)C 与 A(BC)型的两可型歧义切分,如例 4 中的“下班/v”和“车/n”应切分为“下/v”和“班车/n”。

第二,标注错误(见表 2-4)。

表 2-4　　标注错误的校对

序号	校对前	校对后
1	请/v　主持人/n　关心/v　一/m　下/f　这/r　个/q　热点/n　问题/n　吧/y　！/w	请/v　主持人/n　关心/v　一/m　下/q　这/r　个/q　热点/n　问题/n　吧/y　！/w
2	中央/n　财政/n　也/d　不/d　可能/v　一/m　下/f　支付/v　出/v　那么/r　多/a　的/u　。/w	中央/n　财政/n　也/d　不/d　可能/v　一/m　下/q　支付/v　出/v　那么/r　多/a　的/u　。/w
3	请/v　您/r　给/p　大家/r　介绍/v　一/m　下/v　2003 年/t　全国/n　人大/j　常委会/j　在/p　立法/vn　方面/n　的/u　情况/n　。/w	请/v　您/r　给/p　大家/r　介绍/v　一/m　下/q　2003 年/t　全国/n　人大/j　常委会/j　在/p　立法/vn　方面/n　的/u　情况/n　。/w
4	但/c　一/m　下/q　飞机/n　,/w　有/v　一/m　个/q　女/b　的/u　却/d　找/v　到/v　我们/r　。/w	但/c　一/m　下/v　飞机/n　,/w　有/v　一/m　个/q　女/b　的/u　却/d　找/v　到/v　我们/r　。/w

语料词性标注错误的主要产生原因在于"下"本身是一个多义词,同时有多种词性。由于"下"的多词性引起的标注错误有两类:一类是将动量词"下"误标为其他词性,如例 1、例 2 中将动量词"下"误标为方位词,例 3 中将动量词"下"误标为动词;一类是将其他词性的"下"误标为动量词,如例 4 中将动词"下"误标为动量词。

2.4　语料库的基本统计数据

2.4.1　基本数据

我们在分词标注后对约 1200 万字符的抽样语料库进行了统计，抽样语料库的基本数据如表 2-5 所示。

表 2-5　　抽样语料库基本数据

词长	词种	词次	字符数
1 字词	15890	5869472	15890
2 字词	61326	2686935	122652
3 字词	23157	233689	69471
4 字词	11937	82360	47748
5 字词	2196	4687	10980
6 字词	758	1326	4548
7 字词	598	883	4186
8 字词	253	1134	2024
9 字词	163	225	1467
总数	116278	8880711	278966

统计后共得到总词种 116278 个，其中单字词 15890 个，2 字词 61326 个，3 字词 23157 个，4 字词 11937 个，5 字及以上词 3968 个，总词次 8880711 次，总字符数 278966。我们以此考察补位"一下"在共时系统中的使用和分布情况。

2.4.2　"一下"的统计结果

本研究对母本语料库中补位"一下"的用例进行了穷尽式的搜

索。由于“下”是一个多词性多义词，语料中存在很多与专用动量词“下”具有相同“词形”的“同形词”。利用语料库检索技术[①]，以“下”为关键词共检索出 164336 条检索句，这是所有“下”的“同形词频次”，包含了“下”作为单音节词(含动量词及其他词性的单音节词)和多音节词词内语素的使用频次。例如：

①也/d 来不及/v 说/v 是/v 了/y ，/w 微微/d 和/c 吴蔼芳/nr 点/v 了/u 一/m 下/q 头/n ，/w 便/d 向/p 婚书/n 上/f 盖/v 章/n 。/w (张恨水：《金粉世家》)

②今天/t 的/u 事/n 更/d 多/a ，/w 趁早/d 都/d 要/v 去/v 休息/v 一/m 下/q 子/k ，/w 回头/v 也好/d 应酬/v 事情/n 。/w (张恨水:《金粉世家》)

③不/d 是/v 我/r 个人/n 走/v 不/d 走/v 的/u 问题/n ，/w 是/v 大家/r 怎么/r 组织/v 一/m 下/q 儿/k 的/u 问题/n 。/w (老舍:《方珍珠》)

④夫人/n ，/w 慧梅/nr 刚才/t 用/p 剑/n 挥/v 了/u 三/m 下/q ，/w 那/r 是/v 我/r 同/p 她/r 约/v 的/u 暗号/n :/w 有/v 要紧/a 事/n 请/v 你/r 立刻/d 回去/v 。/w (姚雪垠:《李自成》)

例 1 到例 4 中的“下”为动量词用法，其与数词构成的数量结构在谓词性成分后作补语。其中例 1 为“一下”，作谓词性中心语“点”的补语成分。例 2、例 3 为“一下”的变体形式“一下儿”和“一下子”，两者均作补语。例 4 中，“下”与数词“三”共同构成数量结构，作补语。

⑤时间/n 过/v 得/u 很/d 快/a ，/w 一/m

---

① 此处使用了山东大学李安老师设计的语料检索软件，还借助了厦门大学史晓东教授开发的语料检索软件，谨此致谢。

下/q　就/d　到/v　了/u　预定/v　结束/v　的/u　时间/n　了/y　,/w　黄/n　市长/n　,/w　非常/d　感谢/v　您/r　来/v　新华网/n　和/c　我们/r　的/u　网友/n　在线/v　交流/vn　。/w

⑥一下子/d　挣脱/v　了/u　女佣/n　们/k　的/b　手/d　,/w　披头散发/i　地/u　往/p　外面/f　跑/v　。/w　(巴金:《春》)

例 5、例 6 中的"一下"是作状语的用法。例 5 中,"一下"作谓词性成分"到了"的状语成分。例 6 中,"一下"的变体形式"一下子"作状语。值得注意的是,系统对状位的"一下"的标注不太一致,有时将状位的"一下"直接标注为副词"一下/d",有时则标为"数词"和"量词"的动量结构形式"一/m 下/q",我们在统计时将以上标注形式均视为"一下"的用法。

⑦这/r　一/m　下/q　,/w　群众/n　心里/n　的/u　火苗/n　再/d　也/d　压/v　不/d　住/v　,/w　男女/n　纷纷/d　往/p　前/f　拥/v　。/w　(周立波:《暴风骤雨》)

⑧这一下/l　坏事/n　了/y　,/w　他/r　刚才/t　的/u　一切/r　努力/n　全/d　告/v　作废/v　。/w　(唯阿:《穿裤子的云》)

⑨但/c　自/p　1467 年/t　起/f　,/w　由于/c　内部/f　胡搞乱搞/v　,/w　将军/n　失去/v　了/u　对/p　全国/n　的/u　控制/vn　,/w　这/r　下/q　子/k　热闹/a　了/u　。/w　(当年明月:《明朝那些事儿》)

⑩连长/n　命令/v　我们/r　架起/v　大炮/n　,/w　我/r　知道　/v　这/r　下/q　是/v　真/d　要/v　打仗/v　了/y　。/w　(余华:《活着》)

⑪脸上/s　火辣辣/z　的/u　,/w　她/r　想起/v　了/u　白天/t　挨/v　的/u　那/r　一下/m　,/w　火/n　苗子/n

又/d　从/p　心里/s　蹿/v　了/u　上来/v　。/w　(王旭烽:《茶人三部曲》)

⑫那/r　一/m　下/q　子/k　,/w　够/v　破/v　头/n　出/v　血/n　的/u　了/y　。/w　(张恨水:《金粉世家》)

例7到例12中,指示代词“这”或“那”与数量结构“一下”构成的指量结构。例7和例8中的“这一下”结构,有的被标注为“这/r　一/m　下/q”,即“代词+数量结构”形式,有的被标注为“这一下/l”,即习用语成分。例9和例10显示的是省略的“这下”和“这下子”形式,例11为“那一下”,例12为“那一下子”。

⑬我们/r　一/m　下午/t　翻/v　了/u　不少/m　肥/n　,/w　旁边/f　堆/v　了/u　一/m　大/a　堆/q　。/w　(张贤亮:《绿化树》)

⑭矿上/n　的/u　文件/n　一/d　下达/v　,/w　协议工/n　们/k　的/u　骚乱/vn　很快/d　平息/v　了/y　。/w　(路遥:《平凡的世界》)

例13、例14显示的是“下”的非动量词用法,“下”作合成词的词内成分。如例13中“下”是时间名词“下午”的词内成分,例14中“下”是动词“下达”的词内成分。

我们对“下”的164336条检索句进行筛查,共得到“下”作为动量词的检索句20234条,这是“下”作为动量词的用法的频次。“下”作为动量词的用法的频次除以“下”的词形频次得到的百分数是12.31%,这是“下”的动量词用法的比例(见表2-6)。其中,“一下”的使用频次为18265次,占“下”用于动量词的90.27%。

表2-6　“下”的动量用法比例

检索词	同形词频次	动量词用法频次	动量词用法比例(%)
下	164336	20234	12.31

我们统计了“一下”在补位使用的频次，共计 13297 条。具体数据见表 2-7。

表 2-7　　补位“一下”的使用频次

V+一下	V+一下子	V+一下儿	合计
12968	125	204	13297

从表 2-7 中我们可以看到，补位“一下”共出现 12968 次，其变体形式“一下子”和“一下儿”分别出现 125 次和 204 次，共计 13297 次。13297 条补位“一下”检索句所在的 20 余万字符的检索句样本为我们考察补位“一下”与句子成分的搭配关系及其使用频率等的情况提供了详尽的定量数据，使我们的研究做到了充分描写基础上的定性分析。

2.4.3　搭配抽取方法

我们考察补位“一下”与谓词性成分的搭配情况、补位“一下”的谓词性成分前的修饰语等的情况时，采用的是基于数据的词语搭配研究方法。

在语料库中观察词语的搭配情况时，我们通常利用基于窗口的搭配抽取技术。本研究以“一下”为节点词(node word)，即关键词。词语的上下文(context)是语料库语言学中获取自然语言知识和解决自然语言处理中多种实际应用问题必须依靠的资源和基础。通常情况下，上下文的选取是基于节点词左右的一定范围进行的，这个固定的范围被称为“窗口”(window)。确定搭配候选的观察窗口是词语搭配自动抽取工作的基础。[①] 所有落入窗口内的词项叫做“搭配词”(collocates)。

① 参见鲁松、白硕：《自然语言处理中词语上下文有效范围的定量描述》，载《计算机学报》2001 年第 7 期。

本书在对现代汉语补位“一下”的研究中，在不同章节针对不同问题的研究采用了不同的观察窗口。如在观察补语“一下”的谓词性搭配成分时，我们限定窗口为[－3,0]。此跨距会忽略“一下”的一些非连续搭配(discontinuous collocation)，能够保证检索结果具有较高的准确率。

在基于语料库的词语搭配研究中，笔者还统计了搭配词与关键词的共现频次和 t 值。要统计某一节点词的搭配词在语料库中的出现频次，首先要对节点词进行带有语境的检索，然后提取节点词在一定跨距内与之共现的所有词项，最后统计共现词的频次。t 值是根据假设检验中的 t 检验计算得来的。假设检验主要通过检验某一样本的平均数与正态分布总体的平均数之间的差异是否显著来断定该样本取自总体的可能性有多大，或者说二者之间的差异是否由偶然性造成。在词语搭配研究中，我们要检验的就是由节点词构成的小文本中两个词的共现频数与期望频数是否存在显著性差异。通常情况下，我们把 t 值等于或大于 1.65 的搭配词作为显著搭配词。

本研究在对补位“一下”的搭配项进行自动抽取后，也作了校对工作，以保证数据的正确性。在对数据的统计中，我们使用了结构化查询语言(Structured Query Language)，借助数据库管理软件 SQL Server 以及 Excel，完成了对语料的存储、管理、筛选和查询。

本章介绍研究中使用的现代汉语文学作品语料库的建设情况和基本统计数据。首先介绍建库理念，对语料库的选材设计、语料库的加工和处理方法进行说明。然后介绍母本语料库、抽样语料库和补位“一下”检索句样本的基本情况。最后介绍语料库的基本统计数据。语料库语言学的方法能够为现代汉语补位“一下”在共时层面的分布情况及特点作计量统计分析打下切实的基础。

第3章　计次义“一下”

我们在考察补位“一下”的语法化问题时，不能忽略其原始表意功能。因为原始表意功能是词语的语义虚化、结构变异、功能扩展的基点。在前文关于“一下”的历时发展研究概述中，我们了解到，一般研究者都认为“一下”中的专用动量词“下”正式产生于魏晋南北朝时期，可与数词组合成数量结构，最初主要位于“击打”义类动词之后，表示动作行为的次数。当数词为“一”时，数量结构“一下”即可表示动作行为的次数为“一次”，我们将之称为补位“一下”的计次义。表示“计次义”的补位“一下”常被前人研究者称为“一下 1”，我们也沿用这一简称。在对语料库中补位“一下”检索句的初步观察中，我们发现在现代汉语中，“一下”仍然保留有原始的表意功能，即表“计次义”的“一下 1”的用法依然存在。本章我们着重对现代汉语中的“一下 1”作系统全面的分析。首先确立判断补位“一下”为“一下 1”用法的语义标准，然后统计其谓词性搭配项，并分析其类型特征。

3.1　“一下 1”的语义特征

在现代汉语中，“一下”可以表示计次义，表示动作行为发生了一次。在我们自建的现代汉语文学作品语料库中，“一下 1”的用法如下例所示：

①马林生问一句，打一下；打一下，问一句。（王朔：《我是你爸爸》）

②他只冷淡地——也必定是傲慢地——点了一下头。(老舍:《四世同堂》)

③余永泽在道静的脸上吧地亲了一下,高兴地说:“今天请个贵人来吃点喝点。”(杨沫:《青春之歌》)

④之后,他才习惯地摸了一下眼镜,耳语地告诉老许:“今早上到区里去,发觉他们在转移!”(罗广斌、杨益言:《红岩》)

⑤钱小丽握了一下拳,又展开,然后把手轻轻地放到我的手心里,她说:希望你没有手汗。(宁财神:《浆糊·爱》)

以上例句中“一下”称量的动作行为分别是“打”“点”“亲”“摸”“握”。此时的“一下”在语义上是具体可感的。在这些句子中,我们发现,“一”可以被其他数词,或者是其他计数词所替换,它们均可与“下”组合,共同表示动作的若干次量。比如例1中的“打一下”,我们可以将“一”替换为“两”“三”“几”等数词,还可以替换成“好多”等表量的形容词,变为“打一下”“打三下”“打几下”“打好多下”。此外,它们还可以与“下”组合,对数词进行提问,如“打几下?”“打多少下?”也就是说,数词是自由的、不受限制的,可以是“一下”,也可以是“两下、三下、四下……n下(n表示自然数)”。我们以“打”为例,在语料库中进行检索,搜索到了“打+n+下”的句子,如下例所示:

⑥他抓住觉群,真的伸出手去在觉群的屁股上打了两下。(巴金:《秋》)

⑦柔嘉回家,刚进房,那只钟表示欢迎,法条稀里呼噜转了一会,当当打了五下。(钱钟书:《围城》)

⑧她想圣诞这日子真没意思,聚在一起听钟打十二下,哪一天不打十二下呢?(王安忆:《长恨歌》)

⑨林道静用力打了几下门,可是打不开,老头一定早入梦乡了。(杨沫:《青春之歌》)

⑩每次在这件事上我受的处罚都似乎略略过分了些,总是把一条绣花的白绸腰带缚定两手,系在空谷仓里,用鞭子打几十

下，上半天不许吃饭，或是整天不许吃饭。（沈从文：《大山里的人生》）

从以上例句可知，“打”后的“一下”中的数词“一”是限定动作行为的次数为“一次”，在表达需要的时候，可以被替换成其他数量词或计数词，以限定动作行为的数量特征。

可见，在计次义的“一下”这一形式中，“一”和“下”之间的关系是比较松散的，其中“下”是专用动量词，发挥着充当计量动作次数单位的功能；“一”为数词，表示次数。两者组合成一个数量短语。齐沪扬指出：“把量词看作为黏附在一般实词或短语后面的词，把量词短语看作为派生短语这种处理方法，是可以为大多数学者接受的。量词经常黏附在数词后面，连起来一起使用，量词短语在许多语法著作或语法教材中也称为数量短语。”[①]因此，“一下1”从句法属性上看，应该界定为短语。我们可以根据补位“一下”句中的“一”能否被替换来判断“一下”是否具有计次义。

值得注意的是，在对“一下1”检索句进行语义判断时，我们会遇到这样的情况，例如：

⑪栾超家摸了一下后脑，唉了一声，又揉了一下前额，“嗯！”（曲波：《林海雪原》）

⑫江水山摸了一下腰间的手枪：“明白告诉你们，不答应借粮，这个会就一直开下去，永远不散！”（冯德英：《迎春花》）

⑬孙承祖和蒋殿人也想通过这一事情，摸一下孙俊英的虚实，他们估计她多半推着不管。（冯德英：《迎春花》）

⑭还是先送回去，摸一下全面情况，那时再行动，更减少了盲目性。（曲波：《林海雪原》）

以上例句中都出现了“一下”前的动词搭配项是“摸”的情况，但很明显，例11、例12中“摸一下后脑勺”“摸一下腰间的手枪”都表示

① 齐沪扬：《现代汉语短语》，华东师范大学出版社2000年版，第142页。

具体的手部动作“摸”发生了“一次”，其中的“摸一下”可以被替换成“摸两下”“摸一百下”“摸好多下”。还能就“摸”的数量进行提问，如“摸了多少下?”因此可以判断其为计次义“一下 1”的用法。而例 13、例 14 中“摸一下虚实”“摸一下全面情况”，不能变为“摸了三下虚实”“摸了几下虚实”，因此可以判断例 13、例 14 中的“一下”是非计次义的用法。与计次义“一下”搭配的“摸”，我们标注为“摸 1”，与非计次义“一下”搭配的“摸”，我们标注为“摸 2”。其他同类情况还有“动”“抓”“扫”“挨”“整”等动词，都按此办法标注。

3.2 “一下 1”的谓词性搭配项

根据上文判断计次义“一下 1”的标准，笔者在 1200 余万字符的抽样语料库中搜索到“一下 1”的用例，并初步考察其谓词性搭配项，发现该类搭配项只有动词。部分动词搭配项与“一下 1”的共现频次和频率例样如表 3-1 所示。

表 3-1　“动词＋一下 1”搭配关系例样表

动词	动词频次	动词频率(%)	动词＋一下	搭配频次	搭配频率(%)
停顿	60	0.000675	停顿＋一下	51	0.000574
拍	1068	0.012021	拍＋一下	25	0.000281
刷	264	0.002971	刷＋一下	19	0.000214
眨	234	0.002634	眨＋一下	18	0.000203
碰	664	0.007474	碰＋一下	17	0.000191
点	1255	0.014126	点＋一下	16	0.000180
提	1945	0.021892	提＋一下	16	0.000180
皱	316	0.003557	皱＋一下	16	0.000180
舔	120	0.001351	舔＋一下	7	0.000079
转动	106	0.001193	转动＋一下	5	0.000056

表 3-1 内的动词均能与“一下 1”搭配，“一下 1”表示动作行为的次数为一次，数词“一”能够被其他计数词替换。动词频率是动词的使用频次在抽样语料库 8880711 次总词次中所占的比例。搭配频率是某一动词与“一下”的同现搭配频次在总词次中所占的比例。频次和频率反映出动词与“一下 1”的共现关系，同时能够反映“动词＋一下 1”结构在共时系统中的分布情况。

为了对“一下 1”与动词的搭配关系进行更加全面的了解，进而考察计次义“一下”的动词搭配项的特征，笔者在母本语料库中检索到的 13297 条补位“一下”检索句里搜索“一下 1”的用例，共查找出 3373 条，占补位“一下”总检索句的 25.37%。这说明计次义“一下”在现代汉语中依然在使用，但显然计次义已经不是“一下”的全部用法，它还有相当大比例的非计次义用法。

下面对补位“一下 1”的谓词性搭配项的情况进行统计。具体做法是：首先使用 SQL Sever 软件，利用基于窗口的搭配抽取技术，以[－3,0]为窗口对 3373 条“一下 1”的检索句进行搭配抽取。然后将搭配抽取结果复制到 Excel 文档中，并对谓词性搭配项进行校对，共得到 294 个搭配词种。搭配词种都是动词，没有形容词、名词等其他词类的词。母本语料库中计次义“一下”的全部动词搭配项的情况详见附表 2。本研究对补位“一下 1”的谓词性搭配项从语义类别、音节数量和构成方式方面进行了类别上的分析，概括出“一下 1”谓词性搭配项的特征，这样可以使我们对其在现代汉语中的使用情况有更深入的认识。

3.2.1　语义类别

从语义范畴角度进行考察，是指考察动词的语义类别对“一下 1”选用动词的影响。《实用现代汉语语法》将动词分为四类：动作动词、状态动词、关系动词和能愿动词。

动作动词是指表示动作行为的动词，在动词中占多数，如“吃”“看”“听”“说”“试验”“辩论”“收集”“表演”“通知”等。动作动词是最典型的动词。状态动词主要表示人或动物的精神、心理和生理状态。关系动词的词汇意义一般比较抽象,其主要作用是联系主语和宾语,表示主语与宾语之间存在某种关系,如"是""叫""属于""成为"等。能愿动词从语义上可以分为两类:一类表示意愿和对情理、事理、主客观条件、价值的主观判断,如"想""应该"等;一类表示对事情发生的可能性的判断,如"可能""会"等。①

从动词的语义类别角度分析"一下 1"的谓词性搭配项,我们发现只有动作动词与其搭配。进一步分析,发现这些动作动词的语义都十分具体,主要是人体动作类和物体运动类两种。② 详细情况如表 3-2 所示:

表 3-2　　计次义"一下"的谓词性搭配项的语义类别

	人体动作类			物体运动类	总计
	击打类	与击打有关类	一般的人体动作类		
搭配种数	14	120	140	20	294
搭配频次	414	1132	1339	488	3373
例词	拍、打、敲、刺、捶	碰、拉、摸、推、握	跳、吻、皱、亲、眨	闪、晃、晃荡、闪烁	

人体动作类动词可以分为击打义类动词、与击打有关的动作动词和一般的人体动作类动词。

(1)击打义类动词。在对"一下"与动词搭配的历时考察中,刘世儒、王绍新、金桂桃均指出,在"一下"产生初期的魏晋南北朝,它在对动词的语义选择上,主要是具有明确的向下位移的击打义的动词,如

---

① 参见刘月华:《实用现代汉语语法》,商务印书馆 2001 年版,第 153～155 页。

② 此处的类别判定参考了《现代汉语分类大词典》(董大年编,上海辞书出版社 2007 年版)。该词典按照词语意义进行分类编排、释义。我们分析了"一下 1"的动作动词搭配项的词语意义,认为它们归属于《现代汉语分类大词典》中的人体动作类和物体运动类。

"杖""鞭""鞭杖""打""锻"等。动词的向下位移,即动作的实现伴随着工具或主体向下位移的过程。

在现代汉语中,击打义类动词能与"一下"搭配使用是其原始用法在现代汉语中的延续,所称量动作的方向大致也都是由上而下的,如"拍""打""敲""刺""戳""捶"等,例如:

①献忠瞪着眼睛在自成的脸上注视一阵,又在自成的肩膀上重重地拍一下,大声说……(姚雪垠:《李自成》)

②只见老洪走到桌子前,用拳头有力地在桌上捶了一下,坚决地说……(刘知侠:《铁道游击队》)

(2)与击打有关的动作动词。此类动作行为虽然不是直接意义上的击打动作,但是都是与击打义有关,只是方向不一定是由上而下,如"摸""碰""挥""握""推""扫""撞""刷""捏""抹""捅""扭""抚摸""刺""拧"等,使用频次都很高。它们的动作方向有的是从前到后,如"推""捅""刺";有的是两个主体相向运动所形成的动作,如"握""碰""撞"等;有的则方向不甚明显,例如:

③陈旅长用肩膀轻轻地把旅政治委员碰了一下,说:"走啊!"(杜鹏程:《保卫延安》)

④小船不慎与藏在水中的废弃的桥墩撞了一下,漏了。(韩寒:《韩寒五年文集》)

⑤在往日,慧梅会推他一下,接着是低下头去,没有别的反应。(姚雪垠:《李自成》)

早在宋朝文献中,有些只有位移义而没有明确典型的向下义的动词,就可与"一下"合法组配了,如"研""扣""撼""点""捣"等。[①] 当时"一下"就开始突破方向从上到下的限制,可以表示各向击打的动作次数了。此外,"一下"还可以称量"梳""射""点""弹指""咬""吹"

① 参见金桂桃:《宋元明清动量词研究》,武汉大学出版社 2007 年版,第 171 页。

等人类肢体的具体动作。在现代汉语中，计次义的“一下”同样不仅专门称量由上而下类击打行为的次数，也可以称量与击打有关的泛向性的动词。

(3)一般的人体动作类动词。由表 3-2 可知，该类动词共有 140 个，使用频次为 1339 次。这包含身体多个部位的动作动词，如眼部动作动词“眨”“眨巴”、嘴部动作动词“亲”“吻”、舌部动作动词“舔”、脸部动作动词“皱”、手部动作动词“挥”、腿部动作动词“跳”“蹦”“跺”“绊”、整个身体的动作动词“颤抖”“抖动”“哆嗦”“扑”“挪动”，等等。例如：

⑥两个塔似的美国兵一齐扑过我来，两把刺刀同时刺到这里，我连眼也没眨巴一下，拍，拍，两手枪，两个“塔”全倒下去。(老舍：《西望长安》)

⑦倩儿转动一下眼珠。(巴金：《秋》)

⑧他被感动了，猛地抱着道静的面颊重重地吻了一下。(杨沫：《青春之歌》)

⑨忽然，毛主席摘下军帽，在天安门城楼西角又一次俯身，手臂大幅度地挥了一下，又挥一下，并用他那很重的湖南口音高呼：“红卫兵万岁！”(梁晓声：《一个红卫兵的自白》)

⑩王茂生把瞄准的角度移动一下，然后对准一枪，子弹射了出去。(吴强：《红日》)

⑪苗虹孩子似的蹦跳了一下，挨着柳明坐下来。(杨沫：《芳菲之歌》)

⑫史先生深信她能够解决自己将来的生活，一听了她的话，便不再说什么，只略略把眉头皱了一下而已。(许地山：《许地山文集》)

⑬一阵狂风卷过，寒气阵阵袭来，屹立在签子门边的余新江浑身发冷，禁不住颤抖了一下。(罗广斌、杨益言：《红岩》)

我们不难发现，与“一下 1”组配的人体动作类动词一般来说是瞬间持续动词，即动作从起点经过一个短暂持续的过程即到终点。如击打类动作动词“拍”、与击打类有关的动作动词“摸”、人体一般动作动词“眨”等动作的持续性都不长，是十分短暂的。

除人体动作动词外，还有一部分表示物体运动的动词也能够与“一下1”搭配，以具体动作为主，如“动”“晃”“亮”“响”“震动”“沉”等。例如：

⑭她站起身子伸了一个懒腰，船动了一下。（巴金：《春》）

⑮列车晃了一下，开动起来，我和方方冲吴迪挥手，她的小手也五指张开地举起来。（王朔：《一半是火焰，一半是海水》）

⑯售票员在车窗探出脸，让她出示票，她从小包里拿出月票亮了一下，便沿着人群熙攘的街道快步往前走了。（王朔：《刘慧芳》）

与人体动作动词相同，这些表示物体运动的动词也是瞬时持续动词。

通过以上对“一下1”的谓词性搭配项作语义类别分析，我们将其共同特征归纳如下：第一，“一下1”的谓词性搭配项只能是动作动词；第二，其语义具体，以人体动作动词和物体运动动词为主；第三，它们都是瞬时持续动词，是能够在很短的时间内结束的动作动词。

追溯古汉语中计次义“一下”谓词性搭配项的使用情况，研究者普遍认为，“一下1”“最开始用来称量方向是‘自上而下’类的动词，主要是自上而下的击打类动词，由此发展出称量各向击打类动作行为的用法；再进一步发展，其他非击打类动作行为也可以用动量词‘下’来称量了。不过从古到今，表示动作次数的动量词‘下’所能称量的非击打类动作行为一直仅限于人类或动物发出的具体动作，用于抽象动作行为的用例较为少见”[1]。可见，现代汉语中的“一下1”的用法是对古代汉语的继承。

① 金桂桃：《宋元明清动量词研究》，武汉大学出版社2007年版，第187页。

3.2.2 音节数量和构成方式

(1)从音节数量角度进行考察，是指考察动词音节的数量对“一下 1”选用动词的影响。在本研究的抽样语料库中，与“一下 1”搭配的动词，有单音节的，有双音节的，具体情况见表 3-3：

表 3-3　“一下 1”谓词项搭配项的音节数

	搭配种数	搭配频次	百分比(%)	例词
单音节	212	2828	83.84	拍、停、动、碰、吻、敲、亲、挥、皱、摸、握、绊、刷
双音节	82	545	16.16	停顿、抖动、哆嗦、震动、颤动、挪动、移动、摇晃、转动、抚摸、喘息、颤抖、比划
合计	294	3373	100	

由表 3-3 可知，“一下 1”的动词搭配项以单音节词为主。从搭配项数上来看，远高于双音节词，使用频率占 83.84%。这些单音节动词的语义都非常具体，表示的是人体动作或物体运动。双音节动词的情况我们可以根据其构成方式来进行进一步分析。

(2)从构成方式角度进行考察，是指考察动词构成方式对“一下 1”选用动词的影响。

根据内部的结构方式不同，双音节词有单纯词和复合词，其中复合词又有并列式、偏正式、附加式、主谓式、动宾式和动补式等。笔者在研究过程中观察了语料库中计次义“一下”的谓词性搭配项双音节词的构成方式，构成方式情况如表 3-4 所示。

表 3-4　　“一下 1”谓词性搭配项的构成方式

	搭配项数	搭配频次	频率(%)	例　词
单纯词	16	102	18.716	哆嗦、趔趄、踉跄
并列式复合词	62	432	79.266	摇晃、喘息、颤抖、比划、震颤
偏正式复合词	3	6	1.101	干咳、紧缩、猛击
附加式复合词	1	5	0.917	眨巴
合计	82	545	100.00	

经过统计观察笔者发现，“一下 1”的谓词性搭配项中的双音节词中有少量单纯词，大部分都是并列式复合词，还有少量的偏正式复合词，以及一个附加式复合词，其他类型的复合词并没有见到。并列式复合词之所以占优势，是因为它一般由语义相同或相关的两个语素构成，两个语素均为成词语素，特点是语义具体，两者整合成的复合词也具有语义具体可感、可离散的特点。单纯词也具有非常具体的语义特征，都是身体动作动词。偏正式复合词一般是状中结构，中心动词一般是具有具体意义的动作动词，如“咳”“缩”“击”等。

通过以上对“一下 1”的谓词性搭配项进行音节数量和构成方式的分析，我们能够作出以下归纳：与“一下 1”搭配的动词主要是语义具体的表人体动作和物体动作的单音节动词，双音节动词则以语义具体的并列式合成词为主。可见语义具体的“一下 1”的使用范围是比较狭窄的，使用频次较低，具有较弱的语义适用性和较弱的搭配能力。

本章对现代汉语中计次义“一下”(简称“一下 1”)的语义特征和谓词性搭配情况作了探讨。首先，确立判断补位“一下”为“一下 1”用法的语义标准，统计其在现代汉语文学作品语料库中的使用频次。其次，利用基于窗口的搭配抽取技术统计“一下 1”的谓词性搭配项，并对其语义类别、音节数量和构成方式进行分析与归纳，发现“一下

1”的搭配项只能以人体动作动词和物体运动动词为主，单音节词居多，双音节词以并列式合成词为主。可见“一下 1”使用范围比较狭窄，使用频次较低，具有较弱的语义适用性和较弱的搭配能力，此用法是对古代汉语的继承。“一下 1”从句法属性上看是由数词“一”和专用动量词“下”构成的数量短语。

第4章　短时义“一下”

在抽样语料库中补位“一下”的13297条检索句中，除3373条计次义用法外，其余9924条为非计次义的用法，例如：

①淑英也注意地听了一下。（巴金：《春》）

②她忽然埋下头看溪水，迟疑一下，又说：“我倒有点想念你们的鸣凤。”（巴金：《春》）

③毛泽东从电报纸上抬起头来，观察了一下彭德怀的气色，觉得有些异样。（魏巍：《地球的红飘带》）

④白赵氏正想趁机教训一下孙子，你看看你弄成啥光景了？（陈忠实：《白鹿原》）

⑤木兰问：“桂奶奶，我等一下儿要去看平哥，曼娘可不可以跟我一块儿去？”（《林语堂书话》）

⑥不是我个人走不走的问题，是大家怎么组织一下儿的问题。（老舍：《方珍珠》）

⑦今天的事更多，趁早都要去休息一下子，回头也好应酬事情。（张恨水：《金粉世家》）

在以上例句中，“一下”称量的动词分别是“听”“迟疑”“观察”“教训”“等”“组织”“休息”。其中，例1至例4为“一下”，例5、例6和例7分别是其变体形式“一下儿”“一下子”。此时“一下”不再表示动作行为的单次量，不是“一次”“一回”的意思。因为“一下”中的“一”不能替换成其他表示确量的数词。例如，我们不能说“淑英也注意听了两下”。也不能替换成表示约量的数词，如我们不能说“组织几下儿”。也不能就数量词“一”进行提问，如我们不能说“淑英也注意听了几下？”“组织多少下？”

吕叔湘曾指出：“动作的次数，一方面和‘量’的观念有关，一方面也和‘时’的观念有关。”[①]因而“数词＋动量词”形式还蕴含着一个[＋时间性]的语义特征。也就是说，动量词是从两个方面来表达动量的：一方面是动作发生的频率，或者说是完成的次数，即所谓的“量”的意义；另一方面是动作持续的时间，即所谓的“时”的意义。我们认为在现代汉语中“一下”既具有“量”的意义，也具有“时”的意义。非计次义的“一下”表示动作行为的时量义，且表示动作行为的短时量义。前人研究者一般将具有短时义的“一下”简称为“一下 2”，我们沿用这一简称。

时间量义与次数量义相比，是较为抽象的语义类型。我们借鉴 Heine 等从概念域角度提出的词义抽象化过程，即人＞物＞活动＞空间＞时间＞性质（person＞object＞activity＞space＞time＞quality）[②]来作分析，表示动作次数的数量结构反映的是事物在空间位置上发生改变的频次，所以“一下 1”属于空间范畴；表示动作行为短时义的“一下 2”属于时间范畴，在语义上自然要抽象于“一下 1”。抽象化的“一下 2”在语法化程度上高于“一下 1”，那么它在语义特征上有何特点、谓词性搭配项的情况如何、句法功能上有何变化，这是本章节要重点考察的问题。

4.1 “一下 2”的语义特征

“一下”可以表示动作行为的短暂持续量，即短时量。这种用法

---

① 吕叔湘：《中国文法要略》，商务印书馆 1982 年版，第 232 页。

② B. Heine, U. Claudi & F. Hunnemeyer. *Grammaticalization: A conceptual Framework*. Chicago: University of Chicago Press, 1991. p. 48.

早在宋元时期就已经有了。前人研究指出，宋元时期动量词“下”在称量对象上，位移方向不向下，或者从上下文无法确定其具体方向，或者无明显位移性和方向性的动词逐渐增多，这些动词表示单位动作的“短时性”特征仍很明显。同时还有既不具有[＋向下位移]特征，也不具有[＋时限(短时)]特征的动词。很多研究者一般都举“说”与“一下”组合的例子。例如：

圣人下得言语恁地慎重，恁地重三叠四，不若今人只说一下便了，此圣人所以为圣人。(黎靖德:《朱子语类》)

“圣人下得言语”“慎重”“重三叠四”与“今人”“只说一下便了”形成鲜明对照。“说一下”表示动作次数的意义明显弱化，更倾向于表示动作持续的时间之短。

元朝出现了动作性较强的一般动作动词，如“看”“来”，也出现了动作性较弱的心理意愿动词，如“敲”(敲诈)“饶”(饶恕)等。到了明代，动量词“下”的语义功能和语法功能仍进一步发展。在对动词的语义选择上，不仅具有[＋时限(短时)]特征的动词(无论其有无方向性)仍与“一下”大量组合，而且具有[－时限]特征的动词与“一下”组合的用例也不少。在语义特征上“一下”表示动作行为持续的时间短暂。

邵勤的研究亦表明，最初用“下”来计量的行为动作都伴随有某一工具或物体实际的从上到下的位移过程，如“杖”“斫”，这两个动作中都实际发生棍子或刀或斧从上到下的过程，“下”就是通过计算这些工具从上到下的过程来计量整个事件发生的次数。之后，“下”计量的动词的范围越来越大，有些没有实际的从上到下过程的动词也可以被“下”计量，“下”的使用范围扩大了，最后“下”发展成为一个专用动量词。[①]

“下”计量的动词范围不断扩大的同时，最初经常跟“一下”搭配

① 参见邵勤:《汉语动量词认知研究》，华东师范大学硕士学位论文，2005 年。

的动词对它的语义发展也产生了影响。刘世儒提到“下”常用来称量打击义类动词，“又因为‘打击’之类的，所以‘下’作为动量词就又常常兼含有表示‘短时距’的意味儿”[①]。可见，由于“下”成为动量词的初期与打击类动词的搭配频率高于与其他动词搭配的频率，因而打击类动词附带的过程中含有短时距的语义特征就进入“一下”这一动量结构中，于是产生了表短时量的“一下”的用法。

在现代汉语中，“一下”亦具有表示动作行为持续的时间短暂的用法。邵敬敏在《动量词的语义分析及其与动词的选择关系》一文中把它直接称为“短时量词”。这一用法的数量很大，值得对其内部的具体情况进行深入探究。本节将对其短时性、模糊性和歧义性的语义特点进行分析。

4.1.1 短时性

从时间这一概念上看，与“短时”相对的应该是“长时”，能分出“时间”的“长”与“短”，就能确定是否为“短时”。“短时”与“长时”这一对概念是就一个时段而言的，而且该时段应该是有定的，在时间轴上能标出起讫点。“短时”可以有两种理解：一是指两个动作行为间隔的时间短；二是指动作或状态持续的时间短。补位非计次义“一下”表示的是动作、行为、状态持续的时间短暂。

我们来将下面两组句子对比一下：

①说到这里，李正的表情略微有点严肃，他细长的眼睛看林忠一下，又望望大家的脸，显然这话也是说给出去作报告的同志们听的。（刘知侠：《铁道游击队》）

说到这里，李正的表情略微有点严肃，他细长的眼睛看林忠，又望望大家的脸，显然这话也是说给出去作报告的同志们听的。

① 刘世儒：《魏晋南北朝量词研究》，中华书局1965年版，第261页。

②她忽然埋下头看溪水，迟疑一下，又说：“我倒有点想念你们的鸣凤。”（巴金：《春》）

她忽然埋下头看溪水，迟疑，又说：“我倒有点想念你们的鸣凤。”①

在例 1 中，“看林忠”的时间是可长可短的，而“看林忠一下”的时间则不能表示长时，而只能表示动作的短时持续。在例 2 中，“迟疑”可能是长时间的“迟疑”，也可能是短时间的“迟疑”，而“迟疑一下”则只表示短时间的“迟疑”。因此，如果去掉“一下 2”，我们在语感上感觉时间变长了。

我们试将“一下 2”变为“一会儿”，尽管“一会儿”对整个动作行为所表达的时量有缩短的改变，但与“一下 2”仍有不同。从语感上来看，“看了一会儿”“迟疑了一会儿”要比“看了一下”“迟疑了一下”所表示的时间长。

此外，加了“一下 2”后，动词的时间属性发生了改变，这对于前面的状语以及后面时间补语的添加起到了限制的作用。例如，一般来说，状语不能是某些蕴含长时量的词语，也不能再添加时量补语。如下面两个句子是错误的：

我昨天晚上一直看一下那本书。

我看一下那本书两天。

通过上面的分析，我们可以看出，动词加“一下 2”改变了动作或事件在时间轴上呈现出来的图式，具体来说，这样使得原本在时间上可以无限延续的动作变为短暂延续的动作，这就影响了动作或事件内部的时间特征。因此我们认为，跟动词原式相比，动词加“一下 2”让动词附加上了短时量的意义。

短时义“一下”在祈使句、意愿句或条件句等句式中，时量短的特点更为凸显。例如：

---

① 每组句子中的前一句选自语料库，后一句是根据研究需要作部分改变。下文同。

③你把这儿好好收拾一下！（老舍：《茶馆》）（祈使句）

④唐石青看了看卧室的门，真想进去休息一下，但是一狠心，开始做体操。（老舍：《西望长安》）（意愿句）

⑤只要分析一下，就会发现，他的确有撒谎的理由。（当年明月：《明朝那些事儿》）（条件句）

例句中的“收拾一下”“休息一下”“分析一下”所表达的都是动作行为需要的时间短，带有说话人的主观意图。说话人使用“一下 2”来凸显出动作行为的短暂性。

4.1.2 模糊性

时量义是一个相对而又模糊的时间概念，不存在物理学上说的绝对的时间长度，因而所谓的“时量长”或者“时量短”并不能具体测定。表短时量的“一下 2”所具有的[＋时间性]的语义特征也不表示明确的时间量，仅表示较短的而不能够测算的模糊量值。例如：

①毛泽东从电报纸上抬起头来，观察了一下彭德怀的气色，觉得有些异样。（魏巍：《地球的红飘带》）

②金莲噗地笑了一下，见大家都没有笑，她也忍住，看对面墙上的裂缝，裂缝像长了一棵小树。（贾平凹：《秦腔》）

例句中的“观察了一下”，我们只能知道是“观察了较短一段时间”，可能几分之一秒，也可能几秒，这里的时量短所表示的时间长度是模糊的，只能相对而言。“笑了一下”尽管可以了解到笑的时间很短，但也是不能够具体测算的模糊量值。

4.1.3 歧义性

在现代汉语中，表示计次义的“一下 1”也往往能够表示短时义，具有“一下 2”的语义特征。因此，在现实的语言使用中，“一下”存在歧义和兼类的现象。例如：

①这样问完一遍，第二个中国人轻咳了一下，从记录的末尾

倒着问。(老舍:《四世同堂》)

②大家坐在炕沿和地下的小木墩上,喝着老人自己采的老爷岭上的名产还童茶,闲话一阵,剑波目视白茹,白茹会意,摇一下老人的膝盖,问道:“爷爷!”(曲波:《林海雪原》)

上述几例中,“一下”都是有歧义的。他“轻咳了一下”既可理解为他只咳了一下,没有咳两下或三下;又可理解为咳的时间比较短暂。“摇一下”可以表示摇的次数为一次,也可以表示摇的时间短暂。两者在语音上是有区别的,表示计次义时需要重读,而表示短时义时则轻读。可见,“一下”既能够表示实际动作量,表示瞬时动作进行的频次是“一次”;也能够表示模糊短时量,表示动作进行时间的短暂。在现实的语言使用中,两种语义往往兼而有之。

值得注意的是,具有计次义和短时义兼类语义特征的“一下”的搭配项仅限于瞬间持续动词。“一下”在表达短时量语义时具有其特殊性,即具有瞬时持续动作反复进行的含义,凸显的是这一动作多次反复累加的时间短暂。如例 1 中“轻咳了一下”表示他咳了好几下,这几下加起来的时量是比较短的。例 2 中“摇一下老人的膝盖”表示他摇好几下老人的膝盖,这几下加起来的时量是比较短的。而“一下 2”与非瞬时持续动词搭配表短时义时,则不强调动作的反复性,仅表示动作行为从开始到结束有一个短暂的续段。例如:

③毛泽东从电报纸上抬起头来,观察了一下彭德怀的气色,觉得有些异样。(魏巍:《地球的红飘带》)

④当时,舒曼让他稍稍停一下,要克拉拉一起来听。(肖复兴:《勃拉姆斯与克拉拉》)

在例 3 中,“观察了一下”不强调反复观察多次累计的时间短暂之义,仅表达“观察”这一动作从开始到结束的时间之短暂。例 4 中,“停一下”并非停几次累加的时间短暂之义。对于“一下 2”除瞬间持续动词之外的谓词性搭配项,我们将在下一节作具体分析。

由以上分析我们可以看到,对于补位“一下”在现代汉语这一共时层面中，计次义和表短时义共存，且在一定范围内两者还存在交叉融合，具有歧义性和兼类的情况。对于这一情况，我们可以从语法化的角度来进行阐释。语法化的过程是一个连续的渐变的过程。“许多语法单位之间存在着连续统一体，统一体内各元素的性质处于渐变状态，语法在某种程度上是一个不明确的体系，不同的范畴或结构之间往往缺乏明确的界限。”①对语言的这种渐变现象，认知语言学的语法化理论认为，在某一语法单位连续的、渐变的过程中，“形式A演化为B，中间存在着一个A和B并存的阶段。在这个中间阶段，A、B两种理解都是可以的”②。由于语法化是没有终止的连续渐变过程，是历时演化的过渡阶段在共时上的反映，因此这种中间阶段大量存在于语言事实中。对此，美国语言学家鲍尔·J. 霍伯尔（Paul J. Hopper）曾大胆地提出，根本没有什么语法，有的只是语法化。也就是说，没有现存的静止不变的语法，只有不断产生和交替的动态语法。语言渐变现象是指不同的语法范畴及其内部项目之间存在的中介过渡。③

4.2 “一下2”的谓词性搭配项

语义抽象化、虚化了的“一下2”与谓词性搭配项的选择与“一下1”相比有何不同？本节将关注这一问题。首先，我们在抽样语料库中搜索到“一下2”的用例，并初步考察其谓词性搭配项，发现其中有大量动词，还有部分形容词。本研究统计了部分动词和形容词搭配项与“一下2”的共现频次和频率，如表4-1、4-2所示。

---

① 侯孟青：《语言渐变现象的研究——从语法梯度理论到语法化理论》，载《天津外国语学院学报》2002年第2期。

② 侯孟青：《语言渐变现象的研究——从语法梯度理论到语法化理论》，载《天津外国语学院学报》2002年第2期。

③ 参见侯孟青：《语言渐变现象的研究——从语法梯度理论到语法化理论》，载《天津外国语学院学报》2002年第2期。

表 4-1　　“动词＋一下 2”搭配关系例样表

动词	动词频次	动词频率(%)	动词＋一下	搭配频次	搭配频率(%)
介绍	511	0.005754	介绍＋一下	95	0.001070
看	20825	0.234397	看＋一下	80	0.000901
来	22666	0.255227	来＋一下	48	0.000540
整理	153	0.001723	整理＋一下	20	0.000225
坐	6409	0.072168	坐＋一下	10	0.000113
锻炼	134	0.001509	锻炼＋一下	6	0.000068
用	3455	0.038905	用＋一下	4	0.000045
问候	24	0.000270	问候＋一下	3	0.000034
改善	58	0.000653	改善＋一下	2	0.000023
倾听	128	0.001441	倾听＋一下	1	0.000011

表 4-2　　“形容词＋一下 2”搭配关系例样表

形容词	形容词频次	形容词频率(%)	形容词＋一下	搭配频次	搭配频率(%)
迟疑	204	0.002297	迟疑＋一下	48	0.000540
静	251	0.002826	静＋一下	6	0.000068
热闹	442	0.004977	热闹＋一下	5	0.000056
松弛	76	0.000856	松弛＋一下	5	0.000056
大方	113	0.001272	大方＋一下	3	0.000034
红	2691	0.030302	红＋一下	2	0.000023
客气	411	0.004628	客气＋一下	2	0.000023
快乐	156	0.001757	快乐＋一下	2	0.000023
幽默	79	0.000890	幽默＋一下	2	0.000023
努力	77	0.000867	努力＋一下	1	0.000011
平衡	104	0.001171	平衡＋一下	1	0.000011

表 4-1 和表 4-2 内的动词和形容词均能与“一下 2”搭配，“一下 2”表示动作行为的短时义，数词“一”不能被其他计数词所替换。表中的频次和频率项反映出动词和形容词本身在抽样文本中的使用情况，并反映出其与“一下 2”的共现关系，同时能够反映“动词＋一下 2”结构在共时系统中的分布情况。

为了对“一下 2”与动词、形容词及其他类型词的搭配关系进行更加全面的了解，以深入认识短时义“一下”语义的抽象化特点，我们在母本语料库 13297 条补位“一下”检索句中搜索“一下 2”的用例。发现除 3373 条“一下 1”的检索句，其余 9924 条检索句均为“一下 2”的用法，占补位“一下”总检索句的 74.63％，如表 4-3 所示。

表 4-3　　“一下”使用分布表

	使用频次	百分比(％)
一下 1	3373	25.37
一下 2	9924	74.63
总计	13297	100

表 4-3 中，百分比项显示的是“一下 1”和“一下 2”占“一下”全部使用频次的比例。可见，在现代汉语中，“一下 2”的使用频率远高于“一下 1”。这反映出现代汉语中不同语义的补位“一下”的使用分布情况。

我们利用与 3.2 节同样的搭配抽取方法统计出“一下 2”的谓词性搭配项，得到搭配词种数共计 1429 个。从词性来看，有动词、形容词、名词。各词性搭配项的词种数和使用频次如表 4-4 所示。

表 4-4　　“一下 2”谓词性搭配项总表

	词种数	频次	百分比(％)
动词搭配项	1337	9401	94.73
形容词搭配项	90	521	5.25
名词搭配项	2	2	0.02
合计	1429	9924	100

从各词性的词与“一下 2”的搭配能力来看，动词＞形容词＞名词，动词依然是最为典型的搭配成分。“一下 2”动词搭配项与“一下 2”的其他词类搭配项情况分别详见附表 3、附表 4。“一下 2”可以跟何种语义类别、音节数量及构成方式、界性类别的动词搭配，又能跟何种类型的形容词、名词组合？我们首先作定量统计分析，然后与“一下 1”作对照，探讨语义抽象化与搭配环境的关系。

4.2.1　动词语义类别

本节考察适合与“一下 2”搭配的动词的语义范畴。在统计到的动词搭配项中，有少量的动词性成语（如哗众取宠）和动词性英文词（如 PK），我们暂不对其作语义类别的划分。除去这两类词外，共有 1327 个动词搭配项，共计 9387 条检索句。根据 3.2.1 介绍的动词语义范畴类别划分标准，我们对“一下 2”的谓词性成分进行了考察，结果如表 4-5 所示：

表 4-5　　“一下 2”动词搭配项语义类别

	搭配种数	搭配频次	百分比（%）	例词
动作动词	1200	8083	86.11	介绍、商量、研究、了解、检查、解释、打听、整理、查、交换、分析、讨论
状态动词	127	1304	13.89	想、考虑、思索、沉思、踌躇、回忆、思考、享受
合计	1327	9387	100	

从语义范畴类别方面来进行考察可以发现，动作动词依然占据主体部分，使用频率占 86.11％。其中，使用频次居前十位的是“看”“笑”“去”“愣”“介绍”“来”“商量”“停”“研究”“考虑”。其中，“笑”为表情动词，例如：

①他笑一下什么也没说，只在傍晚又来这园中找到我，把这事平静地向我叙说一遍。(史铁生:《我与地坛》)

还有语义比较抽象的一般动作行为动词。很多表示社会行为义类的动词可以与“一下 2”搭配。例如“介绍”“商量”“研究”“了解”“检查”“解释”“打听”“查”等的频次都很高，动词本身的语义较为抽象。例如：

②只是偶然也还想借书来休息一下精神，而又耐不住唠叨不已，破费工夫，于是就使短篇小说交了桃花运。(鲁迅:《南腔北调集》)

③开始这段子前，先得介绍一下大背景。(宁财神:《浆糊·爱》)

④他想了解一下事情的经过，然而见水山这么激动，就决定暂时不谈，以后再调查。(冯德英:《迎春花》)

⑤关于高老要开的这个座谈会，你们下去再好好研究一下。(路遥:《平凡的世界》)

⑥小周，下午你和公安局白局长联系一下，请他们派点警力，疏通一下从青牛立交桥到厂大门口的道路。(柳建伟:《英雄时代》)

此外，还有不少状态动词。在搭配中我们只统计到表示心理状态的状态动词，如“想”“考虑”“思索”“沉思”“踌躇”“回忆”“思考”“享受”等的频次都非常高，与动作动词相比，其语义更为抽象，例如：

⑦找准位置坐下后，一扫眼发现自己的额头上正是紧急出口的拉手，我心里下意识地想了一下什么。(刘醒龙:《活着真好》)

⑧许多天没有看见这样的夜色了，立刻，微微的快意涌上心头，嘴角浮上一丝微笑，下意识地伸手摸身边的婴儿的头，好像叫儿子也享受一下这大自然的瑰丽。(杨沫:《英华之歌》)

以上例句中，不管是动作动词，还是状态动词，与“一下 2”搭配，均表示动作行为进行了短暂的时段。在语料中，我们没有发现一例能愿动词和关系动词与“一下 2”搭配的情况，因此我们认为，一般来说能愿动词和关系动词是不能与“一下 2”搭配的，这主要是因为“一下 2”表示的是动作行为或状态的短暂的持续，而能愿动词一般来说表示一种难以变化的态度；关系动词则大多表示一种保持不变的属性关系，词语所表达的态度和属性关系不具备离散性，所以其不能与“一下 1”搭配，同时也不能被时量化，因此与“一下 2”所表现的时间语义也发生了冲突。

通过以上对“一下 2”的谓词性搭配项进行语义类别分析，我们发现与“一下 1”相比，“一下 2”的谓词性搭配项，就动词这一词性的词来看，从仅称量人体动作类动词和物体动作类动词，扩大至能称量一般性的动作动词，尤其是语义抽象的动作动词以及语义更为抽象的心理状态动词。搭配项在语义范畴的类别上有所扩展了，这说明“一下 2”的使用范围扩大了。

4.2.2　动词音节数量和构成方式

1)单音节词和双音节词

首先，考察“一下 2”动词搭配项的音节数量。在语料库中，“一下 2”的动词搭配项有单音节词，也有双音节词。具体情况如表 4-6 所示。

表 4-6　“一下 2”动词搭配项的音节数

	搭配种数	搭配频次	百分比(%)	例词
单音节	318	3829	40.79	想、查、愣、试、怔、笑、整、歇、搞、干、作
双音节	1009	5558	59.21	介绍、商量、迟疑、犹豫、研究、考虑、休息、苦笑、了解
合计	1327	9387	100	

从表4-6可知，“一下2”的动词搭配项以双音节词为主。从搭配项数上来看，双音节词远高于单音节词，使用频率占59.21%。在上文我们已经列举了很多非计次义“一下”搭配项为双音节词和单音节词的例子，因此不再赘述。值得注意的是，单音节动词突破了人体动作和物体动作动词的范围，甚至包含抽象性强、意义虚化的形式动词。形式动词是指本身不具有实在意义而只能以动词名词化形式为宾语的动词。与“一下2”搭配的单音节形式动词有“搞”“干”“作”“做”。例如：

①他们本该在更大的意义上统领一代民族精神，但却仅仅因辞章而入选为一架僵硬机体中的零件，被随处装上拆下，东奔西颠，极偶然地调配到了这个湖边，搞了一下别人也能搞的水利。（余秋雨：《文化苦旅》）

②他会不会有生命危险，请你作一下精神分析吧。（娜捷编译：《锡杯》）

③他只好厚着脸去找他哥，求他把一些技术性的农活帮助做一下。（路遥：《平凡的世界》）

④这份考卷，是真正的五分，可以作为标准答案，同学们不妨和自己的答案做一下比较。（霍达：《穆斯林的葬礼》）

⑤李勇奇滚出两滴热泪，“现在党和政府，给我们粮，给我们衣服，给我们武器，组织我们搞生产，我们生活有了指望，我们要不干一下子，我们还成什么人！”（曲波：《林海雪原》）

⑥闯王，你看，咱们放手干一下，下令攻破几座州、县城池如何？（姚雪垠：《李自成》）

上例中的“搞了一下水利”“作一下精神分析”“把农活做一下”“干一下子”中的“一下”在形式动词后都具有短时义。

其次，从双音节动词来看，“一下2”的搭配项也已经突破了仅称量语义的具体的动作动词的范围，而扩大至具有抽象语义的双音节动词。

再次，从双音节的构成方式来考察，“一下 2”可称量的动词在类型上更加多样化，除并列式（如介绍、商量、研究、考虑、休息、了解、收拾）以外，还有单纯式（如犹豫、踌躇、敷衍）、动宾式（如改革、较量、换位、失踪）、动补式（如证实、核实、放松、纠正）、主谓式（如脸红、电击、口传）、偏正式（如苦笑、微笑、沉吟、冷笑、沉思），涵盖了双音节动词的所有类型，这从一个角度说明了“一下 2”称量范围的扩展。

2）多音节词

我们统计到的多音节词有“哗众取宠”“狐假虎威”“假公济私”“扪心自问”“如法炮制”“东张西望”“左顾右盼”“面面相觑”等，大部分为动词性的成语词。例如：

⑦别的朝代且不说，在明朝，所谓尚方宝剑，说起来是代天子执法，但大多数时，也就做个样子，表示皇帝信任我，给我这么个东西，可以狐假虎威一下，算是特别赏赐。（当年明月：《明朝那些事儿》）

⑧连一丝面子也不给，面面相觑一下就一溜烟出门去了。（陈忠实：《白鹿原》）

这些成语词大多出现在 20 世纪 90 年代后的语料中，这说明“一下 2”的使用范围在进一步扩大。

4.2.3　动词界性类别

“一下 2”与动词搭配能够缩短动作或事件在时间轴上的距离，改变动作或事件在时间轴上呈现出来的图式，影响动作或事件内部的时间特征。本节从动词的界限类别角度考察“一下 2”搭配项的特点。

“界性”（boundedness）这一术语表示认知主体对客体边界概念的认识，是基于人的身体体验的空间领域概念。动词所表示的行为过程也有是否具有起点和终点的问题，这种起点和终点也可以被看作是一种(时间上的)界限。[①] 关于汉语动词"界限"问题的研究,最早见于沈家煊先生 1995 年的论文《"有界"与"无界"》。他在文中指出,动作的主要特征是占据时间,不占据时间的动作是不可想象的。有界动作在时间轴上有一个起始点和一个终止点,无界动作则没有起始点和终止点,或只有起始点没有终止点。无界动作的内部是同质的,有界动作的内部是异质的;无界动作具有伸缩性,有界动作没有伸缩性;有界动作具有可重复性,无界动作没有可重复性。[②] 这种分类一直被语法学界称作动词的情状分类。

那么,我们应确定动词界性特征的判断标准。一个动词有界还是无界,关键在于动词所指对象在时轴上有无明确的起、讫点或前、后界点,该对象是否为边界明确的离散单位。这样,确定动词界性特征的判断标准,其实就是要找出一定的方法,从形式上鉴定一个动词在过程结构上是否有明确的前、后界点。如果一个动词既有前界点,又有后界点,那么这样的动词就是有界的或双界的;如果仅有前界点而无后界点,或仅有后界点而无前界点,或既无前界点又无后界点,那么这样的动词就是无界的。[③]

目前动词界性特征的判断标准主要以马庆株、郭锐、戴耀晶、周娟提出的分类方法为主。其中,郭锐的分类方法较为常用。他把动词的内在时间过程结构分解为三个要素——起点、终点和续段。起点是指过程开始的时点,终点是指过程结束的时点,续段是指过程持续的阶段。他制定了六条标准来判定动词内部的过程结构,并根据动词跟不同语法成分组合所凸显的动词内部过程结构要素的不同,把动词分为五大类。以下是郭锐提出的六条标准:

A. ～了:动词能加"了",而且可以表示(i)开始或(ii)结束。如:

---

① 参见王丹:《界限理论在汉语动词中的应用》,载《沈阳航空工业学院学报》2007 年第 6 期。

② 参见沈家煊:《有界与无界》,载《中国语文》1995 年第 5 期。

③ 参见周娟:《现代汉语动词与动量词组合研究》,暨南大学博士学位论文,2007 年。

(1)病了(表示开始)

(2)到了(表示结束)

(3)吃了(既可以表示开始[他吃了两小时了,还没吃完],也可以表示结束[才吃了 10 分钟,他又饿了]。)

B. ～时量宾语:动词能带时量宾语,而且可以表示(i)动作本身的持续时长或(ii)动作结束后经历的时长。如:

(1)住三天(表示动作持续时长)

(2)毕业了三年(表示动作结束后经历的时长)

(3)烧了三天了(既可以表示动作持续时长[这场大火一直烧了三天],又可以表示动作结束后经历的时长[烧了一个月了,现在空气在还有焦土的味道]。)

C. ～着:动词能带“着”且可以表示动作的持续或动词本身词义指明的静止状态的持续。如:

(1)吃着饭呢。(表示动作的持续)

(2)门口坐着一个人。(表示动词本身词义指明的静止状态)

D. 在/正在～:动词前面能加“在”或“正在”来表示动作的持续。如:

(1)他在游泳。

(2)他正在看电视。

E. ～过:动词能带表经历的“过”,表示动作有终点。如:

(1)他去过上海。

F. 不能带以上标准的任一成分,但可以表示在持续中。

(1)他是中国人。

(2)我以为你早来了。

郭锐根据这六条标准将动词分类如下:

1)Va。F,那么它属于无界动词,如“记得”“像”。无界动词的特点是无起点,无终点。

2)Vb。如果动词只满足 A(i)和 B(i),那么它属于前界动词,如“认得”“知道”。前界动词的特点是有起点,无终点。

3)Vc。如果动词满足 A(i)、B(i)和 E,那么它就属于双界动词。

4)Vd。如果动词满足 A(ii)、B(ii)、D 和 E,那么它属于后界动词。

5)Ve。动词符合标准 A(ii)、B(ii)和 F。点结构的特点在于瞬时性,可以理解为起点和终点的重合,不具有重复性,如"出来""结婚"。①

运用以上的标准和判定方法基本上可以确定一个动词的界性类别。郭锐的分类不仅提出了客观的语法标准,而且还提出了具体的判定方法,可操作性较强。根据这一分类标准我们考察了"一下 2"动作动词搭配项的界性类别情况,统计结果如表 4-7 所示:

表 4-7 "一下 2"动词搭配项界性类别

	搭配种数	搭配频次	百分比(%)	例词
一般持续双界动词	994	6497	80.38	看、笑、愣、介绍、商量、研究、休息、苦笑、说、问
前界动词	11	161	1.99	了解、认识、知道、见识、理解、明白、适应、明确、熟悉
后界动词	120	629	7.78	交换、调整、安排、缓和、证实、核实、放松、纠正、修改
点动词	75	796	9.85	出去、出来、缓和、发泄、躲避、决定、提拔、擦亮、离开、惊醒
合计	1200	8083	100	

① 参见郭锐:《汉语动词的过程结构》,载《中国语文》1993 年第 6 期。

从统计结果我们可以发现以下规律：

第一，一般持续双界结构的动词搭配“一下 2”是最自由的。它们的共同特点是具有持续性，可占据一定的时间段。其单位动作的持续时间都是可长可短的，没有严格的时间限制。例如：

①他们不敢在一个地方久站，看一下，立刻转一个地方，看了几处以后，又来到北城外察看。（姚雪垠:《李自成》）

②她换了油衣，戴上帽子，检查一下车子，特别细心地做好清洁工作，又不放心地前后左右看看，没有发现任何毛病，满意地站在车头。（周而复:《上海的早晨》）

③我们翻遍了《伪币制造者》的每一页，我们搜索过了周围的每一处草丛和每一堆石块，我们甚至每人都主动地清理了一下自己的包（因为那些包总是混放在一起的），当然都毫无结果。（刁斗:《伪币制造者》(2)）

“看”有起点有终点，这一动作也有续段，开始“看”一段时间后，“看”的动作可以结束，它是双界动词。同样，“检查”“清理”也是双界动词，它们可以与“一下 2”搭配使用，但不表示“看一次”“检查一次”“清理一次”之义，而是表达非计次义。与“一下 2”组合后，受“一下 2”本身语义特征的影响，“V＋一下 2”自然也表示动作行为持续时间的短暂，这说明“一下 2”能起到改变动作行为时间属性的作用。

一般持续双界动词与“一下 2”的搭配最为频繁，占全部动作动词搭配项的 80.38％。“一下”从仅能搭配瞬间持续动词扩展到一般持续双界动词，其使用范围扩大了，且在语义类型上已从表空间范畴的计次义“一下 1”完全过渡到表时间范畴的计时义“一下 2”，这标志着“一下”进入到语法化程度较高的新形态中。

第二，非双界动词可以搭配“一下 2”使用，如前界动词、后界动词和点动词。例如：

④然后此人继续示范，说：这车很凶，你一般刚开始开慢点，熟悉一下车子。（韩寒:《韩寒五年文集》）

“熟悉”是前界动词。前界动词的特点是只强调动作的起始点，而不强调终止点，突出的是动作行为发生后始终保持这一状态。从不熟悉到开始变得熟悉的那一刻就是这一动作的起点，一个人开始对某人或某物熟悉后，一般来说都会处于对某人或某物熟悉的状态，所以动词“熟悉”不包括终点。也就是说，“熟悉”在客观上是没有终点的，但“一下”的使用使其经过短暂的续段有了终止点。

⑤二爹的儿子，听说，会写字，提拔他一下吧。（老舍：《老舍短篇小说选》）

“提拔”是后界动词。后界动词的特点是只强调动作的终止点，而不强调起始点，因此无所谓续段。从实施“提拔”的那一刻起，变化就发生了，突出的是终点。“一下”的添加改变了动作本身的时间属性，使其具有了一个短暂的续段。

⑥可是，你，你为了我——怎么连脚步都不肯牺牲一下。（杨沫：《芳菲之歌》）

“牺牲”是点动词。点动词的特点是动作的起始点和终止点合二为一，瞬间发生并结束，不具有重复性。“牺牲”就发生在死亡的那一刻。“一下”的添加使其具有了一个短暂的续段，改变了动词本身的时间属性。

非双界动词都不具有离散性与可重复性，不能用数量词限定其数量特征，与“一下 2”搭配使用表达的是非计次义。“一下 2”与大量非瞬时持续双界动词搭配以及与非双界动词搭配的合理化，显示出“一下”使用范围的扩大。

4.2.4 其他词类搭配项

除动词以外，“一下 2”还能跟很多其他词性的搭配项配合使用。“一下”的称量对象已经扩展到部分形容词，甚至名词上。

张国宪根据[±静态]这一组语义特征，把汉语的形容词分为两大情状类型：变化形容词和性状形容词。变化形容词最大的特征是它的动态性质，该情状的时间结构是异质的，可以有内在的自然起点和终结点，有些动态形容词还可以容纳续段，语法上一般能带“了”“着”标记。性状形容词的最大特征是它的静态性质，该情状的时间结构是均质的，缺乏内在的自然起点和终结点，语法上一般不能带“了”“着”等标记。[①] 我们发现一般与“一下 2”搭配的形容词都是变化形容词。例如：

①那个人脸皮略略红了一下。（李凖：《黄河东流去》）

②那根掏耳勺终于走了出来，于连觉得清朗了好多，他刚想轻松一下，服务员又抽出了一根棉签。（陈纸：《高雅颂》）

③也许他想让他冷静一下，以便能有个心理准备。（张平：《抉择》）

④许宁把手一摆，讲演家似的向后一掠浓黑的头发，紧接着也开了炮：“王健夫，请你清醒一下吧！”（杨沫：《青春之歌》）

“一下 2”之所以可以放在变化形容词之后，与这些形容词具有“动词化”特点密不可分。像“红着脸”中的“红”这类词，部分学者认为它们已经转化为动词了；部分学者倾向于认为这些形容词的词性没有变化，仍是形容词，只是它们与动词一样，也可以有“体”的变化。张志公就曾在《汉语语法》中提到：“动词和形容词都有‘体’的变化，就是加上‘了’‘着’‘过’‘起来’‘下去’这些辅助性的成分，表示动作、变化、性状等存在或进行的情况。”[②]对于语料库中“一下 2”的形容词性搭配项，我们对照《现代汉语词典》，发现其中有不少已经明确标注为形容词兼动词的词，如表 4-8 所示。

① 参见张国宪：《现代汉语形容词功能与认知研究》，商务印书馆 2006 年版，第 5～8 页。

② 张志公：《张志公文集》(1)，广东教育出版社 1991 年版，第 39 页。

表 4-8　形容词兼动词的谓词性搭配项使用频次统计

序号	搭配项	使用频次	例　句
1	热闹	14	过年过节的，和家人热闹一下，他就又去读他的书、码他的字去了。（刘向东：《诗人刘章》）
2	沉默	12	老皮答不上来，沉默了一下，此时，电视里传来了叶玉卿的声音。（宁财神：《老皮发烧》）
3	静	11	外面响起了一阵尖利的哨声，店堂里静了一下，我感觉到锁着我身体的所有手和腿有所松动。（苏童：《河岸》）
4	热	5	他一去正赶上了，那桌菜几乎原封未动，只需要热一下……（王朔：《我是你爸爸》）
5	客气	5	金雨来本来心里快活，略微客气了一下，又唱起来。（魏巍：《地球的红飘带》）
6	低	3	朱老忠和贵他娘扶着老人走进屋里，老奶奶见贵他娘进屋子门的时候低了一下头……（梁斌：《红旗谱》）
7	乐	3	想乐一下吗？（王朔：《无知者无畏》）
8	冷	2	瑞丰浑身上下都忽然冷了一下，口中不由得说出来：“糟啦！”（老舍：《四世同堂》）
9	偏	2	张普景哦了一声，微微偏了一下脸，说：“他没有资格。”（徐贵祥：《历史的天空》）
10	努力	2	没必要太难为她们，但是稍稍努力一下，好歹得把自己收拾得整齐一些。（叶兆言：《算命》）

续表

序号	搭配项	使用频次	例　句
11	稳定	2	马德保自责讲得太深，学生悟性又差，心里慌了起来，脑子里一片大乱，喝一口水稳定一下后，下面该说的内容还是不能主动跳出来。（韩寒：《韩寒五年文集》）
12	安定	1	等过了这段时间，时局安定一下，我就到山里来接你们。（王旭烽：《茶人三部曲》）
13	丰富	1	我们的节目得调整和丰富一下。（池莉：《云破处》）
14	缓和	1	为了给自己找个台阶，他把口气缓和一下，说：“李团长，劫匪说幕后的主谋是你，我也是不得已而为之啊。”（肖建国：《神枪团长》）
15	紧	1	就那么一下子，手指稀里糊涂地紧了一下，她就把一个东西钉在了那个稚气未脱的日本小兵的身上。（徐贵祥：《历史的天空》）
16	净	1	随从打过热手巾把来，李空山用它紧捂着脸，好半天才拿下来；顺手在毛巾上净了一下鼻子。（老舍：《四世同堂》）
17	劳累	1	白雪说：“想让我哥劳累一下送送剧团里人。”（贾平凹：《秦腔》）
18	麻烦	1	她一辈子不愿麻烦他人，这下子，却要大大地麻烦大家一下了。（毕淑敏：《拯救乳房》）
19	暖和	1	天气太冷，趴在管道上能暖和一下。（李红霞、贾莉：《医学教授杀人案追踪》）

续表

序号	搭配项	使用频次	例　句
20	平衡	1	拿东西点缀点缀，平衡一下才好……（刘心武：《钟鼓楼》）
21	谦虚	1	文采同志稍微谦虚了一下就坐下去。（丁玲：《太阳照在桑干河上》）
22	委屈	1	为了你们的安全起见，还是委屈你们一下吧。（刘知侠：《铁道游击队》）
总计	22	72	

由表 4-8 可知，统计的形容词兼动词的词种数为 22 个，占整个形容词搭配项的 24.44%；出现频次为 72，占整个形容词总频次的 13.82%。而其他形容词搭配项也一般具有“体”变化，为变化形容词。这说明短时义“一下 2”能与形容词搭配使用，但一般是与具有动作性的变化形容词搭配使用。

此外，在语料库中，我们还检索统计到两例“一下 2”的名词搭配项。例如：

⑤她的精神来了，她渴望好好地恶作剧一下，戏弄戏弄这个班门弄斧的人。（张承志：《北方的河》）

“恶作剧”本身是一个名词，但这一名词具有很强的动态意义。我们发现，在第 5 版《现代汉语词典》中，“恶作剧”一词仅标为名词词性，而在第 6 版《现代汉语词典》中，亦将其标注为动词，释义为“捉弄耍笑、使人难堪”。例如：不知是谁恶作剧，在她脸上画了两撇胡子。可见“恶作剧”一词的动态语义已经得到普遍认同，它可以活用为动词。

名词中有一部分是具有动态性的，这早已被许多语言学家注意到。邵敬敏认为名词中有这样的一类，它们在描述事物、事件时，涉及时间或者动作的持续性，具有很强的动态性，这类词在标志上是可以被动量词修饰。他把这类名词称为动量动态名词，可以与"一下"组合，并在《新兴组合"X 一下"的泛化趋势及其修辞价值》一文中就列举了不少例子：

a. 就是就是，抖出来，再会议一下。（人民网：情感空间）

b. 阑尾炎，小毛病，手术一下就好了。（《神秘日记》）

c. 电影一下国泰看陈坤，高雅一下听李云迪钢琴曲，交响乐选《长江》。（重庆人日常参考手册）[①]

此外，在我们的现代汉语文学作品语料库中，还有新兴工具名词、英文词，如 happy，PK，GOOGLE，high 等与"一下 2"搭配表达非计次义。这些用例均来自 2000 年以后的语料，这说明"一下"在现代汉语中的使用范围上有了进一步的扩展。例如：

⑥叔叔，我 24 了，退学 7 年了，麻烦你在说我前先 GOOGLE 一下。（网络新闻）

⑦我做第一期《纵横中国》的时候，就出现了这样的场面，因为主题是粤语，于是我上台跟一个唱粤剧的人挑衅，我说我会唱京剧版的《老鼠爱大米》，你能不能唱粤剧版的，我们要 PK 一下。（朱冰、毕蜂：《口述凤凰》）

⑧"试试吧，好劲的，今天是周末，大家 high 一下吧"，华仔笑眯眯递过来一支大麻。（宁财神：《浆糊·爱》）

另外，在口语和网络语言环境中，还有很多特色名词，其联想意义被大众所熟知和认可。如"猪八戒"指偷懒、爱吃、爱睡的一类人；"阿 Q""雷锋"等有特色、有个性的人称；"中国""广东"等特色鲜明的

---

① 邵敬敏：《新兴组合"X 一下"的泛化趋势及其修辞价值》，载《修辞学习》2009 年第 2 期。

国家和地区。这些词也常与"一下 2"搭配。例如：

⑨奥运会 110 米跨栏冠军刘翔又破世界纪录，一改我竞技场上尴尬的场面，大家终于可以呼唤一下，中国一下了。("红袖添香"网站日记)

通过本小节对词性类别的分析，我们可以得到以下结论："一下 2"除能与动词搭配外，还能跟变化形容词、动态名词搭配。这进一步说明"一下 2"相对于"一下 1"来说，在使用范围上有所扩展。

4.3 "一下 2"的功能特点

"一下 2"具有语义抽象性特征，搭配范围渐宽。这种语义上由具体到抽象的变化，语言环境上由窄到宽的拓展必然引起句法和功能上的"连锁反应"。本节从"一下 2"与作为数量短语的"一下 1"在句法特征上的诸多不同入手，探讨语法化的"一下 2"句法属性的定位问题。

4.3.1 "一下 1"词汇化为"一下 2"

"一下 1"表示动作行为的单次量，"一下 2"表示动作行为的短时量，从"一下 1"到"一下 2"经历了词汇化的过程。以下将从"一"的不可替换性、"下"的句法地位的降低两方面来进行论证。

"一下 2"表短时义，有学者把它直接称为"短时量词"。与"一下 1"相比，动作行为的数量已不是它传递的信息，计数功能消失；数词只能为"一"，"一"不表示实际的数目，不能换成任意的数字。例如：

①他思考了一下儿，然后写了起来。

"一下 1"可以替换为"五下""十下"和"一次""一回"。而上例中很明显是"一下 2"的用法。"思考了一下儿"表示思考的时间短暂，而不表示思考的次数为一次，因此不能替换成"思考了两下""思考了许多下"，数词"一"是具有不可替换性的。可见，"一下 2"已不具备计数的功能。这就说明，“一下 2”的意义是明确而融合的，内部结构也是相对稳定的。根据张斌先生主编的《新编现代汉语》可知，“词内部语素和语素之间是凝固的，不能分开和随意替换，而短语内部的词和词之间是离散的，可以分离和自由替换”[①]。具体来讲，词的意义融合性和结构凝固性都比较强，而短语则相反。根据这一标准我们可以判定，“一下 1”和“一下 2”一个是短语，一个是词。既然“一下”已由一个数量短语变为一个词，发生了词汇化，那么数词“一”和动量词“下”就是词内成分，其中“下”就变为一个音节。

梳理“下”的衍生及其在数量结构形式中的进一步发展，我们可以了解“下”的演变脉络。汉语的专用动量词本来都是动词或名词，都可以追溯到更为实在的意义。专用动量词“下”即是如此。例如：

②又有人以牛试刀，一下而头断，来诣法和。(《北齐书》卷三二)

上例中的“一下”是一个主谓短语。联系整个句子来分析，“一下而头断”中的“而”是连词，“头断”是一个主谓结构，“而”连接的两部分应该是并列关系。所以，“一下”是主谓短语，其中“一”是数词，“下”是动词。数词“一”与动词“下”构成的主谓短语正是数量短语“一下”的源头，况且这里的“一下”已暗含“一次”义。这说明动词短语“一下”开始向数量结构转变。

动词短语“一下”虚化为数量短语“一下”。主要表现是“下”由动词虚化为量词。量词属于实词，但实词中的各类词在虚实程度上存在层级上的差异。名词、动词、形容词的意义比较实。代词、数词、量词的意义次之。动词“下”虚化为量词“下”的原因主要在于“下”的词义泛化，由经常充当主要成分的主语和谓语变成了经常充当次要成分的补语和状语。专用动量词“下”本来是由动词演化为附着词的，因为它具有黏着性，一般要黏附在数词等计数词后面使用。

---

① 张斌:《新编现代汉语》，复旦大学出版社 2002 年版，第 160 页。

尽管“下”是语义较虚的实词，不过“一下 1”依然是作为一个短语存在的。“一下 1”词汇化为词之后，“一”与“下”均降格为词内成分，成为音节。“一下 1”在进一步语义虚化为“一下 2”的过程中，其中的专用动量词“下”由意义较虚，具有一定黏着性的实词成分，进一步转变成了词内成分，在“一下 2”中不再以量词的身份出现，而是降格为音节，它的句法地位降低了。

吴福祥认为汉语中的语法化模式通常为：实义词＞语法词/附着词＞词内语素。汉语中的功能词或附着词可以跟毗邻的词项“熔合”(fuse)成一个新的词汇项，原来的语法词或附着词成为这个新词汇项的一个“词内语素”。[①] 可见，在缺少曲折变化的汉语里面，一个语言单位的语法化发展到一定程度，往往转化为词内成分。这正是汉语中一种常见的词汇化的问题。从一个句法组合形式变成一个词汇形式，就形式和意义关系上说，整个结构的意义不再是按照组成成分简单相加，而是有一个意义转化的过程，必须从整体上把握；从结构上说，成分之间的界限消失了，又是一个重新分析的现象。[②] “一下”也经历了从短语到词的发展过程，“一”与“下”成分之间的界限消失了，必须从整体上把握其词义，这是符合语法化发展路径的。

4.3.2 从短时量词语法化为短时体标记

语法化遵循单向性(unidirectionality)原则，即语法化有一个“斜坡”，如语法成分从章法降格为句法，从句法降格为词法，从实词降格为语法标记性的虚词等，处于降格(decategorization)的趋势中。从计次义的数量短语“一下 1”发展到计时义的“一下 2”，“一下”经历了从句法降格为词法的过程。作为短时量词的“一下 2”，由于其语义、结构及语音的变化，它已经具有语法标记性虚词的特征。从汉语体系统的内涵来看，我们认为“一下 2”完全符合一个“体”标记所具有

---

① 参见吴福祥：《语法化与汉语历史语法研究》，安徽教育出版社 2006 年版，第 116 页。

② 参见文苹：《省略与汉语语法化》，四川大学博士学位论文，2009 年。

的属性。由于“一下 2”表达短时意义，因此我们认为它是一个短时体标记。下面首先简要说明汉语“短时体”的观点，然后阐述“一下 2”作为短时体标记的若干表现。

在现有的研究中，涉及“短时体”问题的有以下学者的观点。吕叔湘先生在《中国文法要略》里，把体称作“动相”。短时相，指有许多动作实在不大分得出次数，用定量的说法往往有暂时或轻微之意。[①] 王力先生在《中国现代语法》中，把时间的表示着重在过去、现在或将来，而和时间有关系者，叫作“情貌”。在七大类情貌标记中涉及了短时貌，指表示时间较短者，叫作“短时貌”。[②] 戴耀晶先生在《现代汉语时体系统研究》中从观察方式和系统的角度，提出了完整体与非完整体的对立，把汉语时体分为两大类六小类。他指出，短时体是完整体里的一种，它指明句子所表达的是一个完整的、动态的、短时的事件，在汉语里用动词重叠的形式来表示。[③] 陈前瑞在《汉语体貌研究的类型学视野》中认为汉语的体貌系统是一个由情状体、阶段体、边缘视点体、核心视点体组成的四层级系统，其中阶段体就包括起始体、延续体和短时体。动词重叠所表达的时间意义可看作汉语的短时体。[④] 蒋湘平专门对现代汉语中的短时体作了深入细致的研究，并对短时体作了具体的定义，他认为如果以动作发生的起点为时间轴的零点，短时体所表示的“体”意义，就是指动作在时间轴上占据一个相对较短的时段，动作的起点和终结点之间的距离相对较短，或者在说话者看来比较短。[⑤] 可见大部分研究者都承认在现代汉语中，短时体是存在的，它指明句子所表达的是一个完整的、动态的、短时的事件。对于短时体的语法表现形式，动词重叠的形式是公认的短时体的表示形式，另有学者，如蒋相平提出“V＋一下”也可用来表示

① 参见吕叔湘：《中国文法要略》，商务印书馆 1982 年版，第 232～233 页。
② 参见王力：《中国现代语法》，商务印书馆 1985 年版，第 158 页。
③ 参见戴耀晶：《现代汉语时体系统研究》，浙江教育出版社 1997 年版，第 28 页。
④ 参见陈前瑞：《汉语体貌研究的类型学视野》，商务印书馆 2008 年版，第 51 页。
⑤ 参见蒋湘平：《现代汉语短时体研究》，北京师范大学博士学位论文，2008 年。

短时体。对于这一观点，我们是赞同的。

研究中，根据语法化理论判定实词虚化的一些标准进行分析后发现，“一下 2”在意义虚化、结构黏着、语音弱化这三个方面具有虚化为短时体标记的表现。

1）意义虚化

意义虚化，指某个词失去了原有的实在的词汇意义，而变为表示“体”意义的虚词或者虚化成分，成为构成语法表现手段的词。“一下 2”已经不具备计数的词汇意义，而是表示具有模糊性的短时量，整个结构起到对动词的时间特征进行限定的作用，这说明其意义已经虚化。

“一下 2”起着为动作行为规定一个终止点的作用。因此，“V＋一下”不同于那些表示没有终止点、任意终止点、自然终止点的动词或动词短语，它表示的是有固定终止点的“有定动作”。“V＋一下”所表示的动作，有一个较肯定的终止点。

美国语言学家史密斯（Carlota. S. Smith）根据事件有无终结点（final point）把情状分为封闭情状（close situation）和开放情状（open situation）①。“一下 2”使动作事件具有了终止点，表示的是一种封闭的情状，使动作不能无限延长或重复。例如，我们比较“你去睡吧”和“你去睡一下吧，到时候我叫你”，前者的“睡”是一种开放情状，在说话人和听话人的认知中没有一个明确的终止点；后者的“睡一下”是一种封闭情状，在说话人和听话人的认知中有一个大致的范围和终止点。“一下 2”表示事件主体或相关人只让事件持续一段时间就停止进行，而不是让事件一直持续下去。也就是说，“一下 2”可以表示让一个事件持续一段时间后主动地结束。

值得注意的是，“一下 2”为动作行为提供终止点，而这一终止点位于一个短暂的续段之后。这一短暂续段不表示明确清晰的时间量，仅表示较短的不能够测算的模糊量值。例如：

---

① 参见陈前瑞：《汉语体貌研究的类型学视野》，商务印书馆 2008 年版，第 51 页。

木兰问：“桂奶奶，我等一下儿要去看平哥，曼娘可不可以跟我一块儿去？”（《林语堂书话》）

在上例中，对于“等一下儿”，我们只能知道是“等较短的一段时间”，可能是几分之一秒，也可能是几秒。“一会儿”也不能完全表达“一下”的意思。因为这里的短时量所表示的时间长度具有模糊性。这正是“一下”语义虚化的表现。

2)结构黏着

“体”范畴是在固定的位置上专门表示“体”意义的手段，它对前附成分或后附成分有很强的依赖性，因此虚化成分跟它的前附成分或后附成分的联系是很紧密的，一般不能插入其他成分。这种紧密的黏着性正是意义虚化的表现之一。同时，体标记是描写行为动作的内部结构的，即它们的语义指向是其前的动词，而与其后的宾语不发生直接关系。我们利用定量分析的方法考察补位“一下 2”与宾语的位序关系、宾语的词汇形式问题，以便探讨“一下 2”黏着度增强的情况。

(1)与宾语的位序关系

为探讨补位“一下 2”与宾语的位序关系问题，本研究在“一下 2”谓词性搭配项所在的检索句中随机考察了 1942 条。经过初步的观察，笔者发现在“一下 2”句中，宾语可有可无，分为以下几种情况：不带宾语的情况，简称“无宾语”；宾语在“V＋一下 2”格式中，即“V＋O＋一下 2”的情况；宾语在“V＋一下 2”格式后，即“V＋一下 2＋O”的情况；宾语在“V＋一下 2”格式之前的语境中出现，简称“宾语前置”。本研究对各类情况进行了汇总，具体使用情况如表 4-9 所示。

表 4-9　　“一下 2”句中的宾语情况

“一下 2”句宾语情况	使用频次	使用比例(%)	例句
V＋一下 2＋O	1288	66.32	老洪和李正在张司令交代任务的洪亮的语音里，交换了一下眼色。（刘知侠：《铁道游击队》）
V＋O＋一下 2	15	0.77	说完，拥抱我一下，她说这是“西礼”。（翟俊杰：《话说王姬》）
宾语前置	124	6.39	不管事情最后结果如何，先派人来把你调查一下就叫人吃消不了。（路遥：《平凡的世界》）
无宾语	515	26.52	哑巴像是丢了魂儿似的听着，回头望望炕上的人，再看看屋外的屋内的人，哑巴有一个间歇似的回想，稍倾，抽回眼睛看着王胖孩笑了一下。（葛水平：《喊山》）
总计	1942	100	

可见，在“一下 2”句中，“V＋一下 2＋O”格式使用最频繁，其次是无宾语的情况，再次是宾语前置的情况，而“V＋O＋一下 2”格式使用最少。

本研究重点考察不同类型、不同时期的语料中“V＋O＋一下 2”和“V＋一下 2＋O”的使用情况。统计结果如表 4-10 所示。

表 4-10 “一下 2”与“O”的位序关系

语料的类型和时期	检索句数①	一下 2			
		V+O+一下 2		V+一下 2+O	
		使用次数	比例(%)	使用次数	比例(%)
第一时期	336	6	1.79	45	13.39
第二时期	617	5	0.81	252	40.84
第三时期	232	1	0.43	178	76.72
第四时期	340	2	0.59	257	75.59
第五时期	417	1	0.24	255	61.15
合计	1942	15	0.77	987	50.82

我们可以概括出以下规律：

第一，从整体使用情况来看，“V+一下 2+O”的比例 50.82%远高于“V+O+一下 2”的 0.77%。这说明在谓词中心语后有宾语的情况下，“一下 2”与谓词中心语关系紧密，一般不能插入宾语等其他的成分。这种紧密的黏着性正是意义虚化的表现之一。

“一下 2”的黏着性除了表现在宾语大部分只能出现在“V+一下 2”后面以外，还表现在宾语常以前置宾语的形式出现，如由介词“把”“将”“在”“向”引出宾语，或者让宾语出现在前置语境中。此种语句往往能够替换成“V+一下 2+O”结构，而不能替换成“V+O+一下 2”结构。例如：

①萧队长跟农会的委员开了个小会，把这情形研究了一下，改编了小组。(周立波:《暴风骤雨》)

②关怀说:“阿欢，你去把窗户关上，再将油灯整理一下。”(许地山:《许地山文集》)

① 检索句数指 1942 条“一下 2”检索句在文学作品语料库每个时期出现的频次。

③江华坐到一个木凳上，向道静的住室、窗台，包括炕上叠得整齐的被子审视了一下。（杨沫：《英华之歌》）

④你看，你看，这么大的事，他都不跟我商量一下；我仿佛不算人！（老舍：《归去来兮》）

例1中是用介词“把”将“研究”的宾语“这情形”引出，如果改为“研究了这情形一下”是不符合语感的，而换成“研究了一下这情形”则可以。例2中是用介词“将”把“油灯”引出，如改为“整理油灯一下”是不正确的，换成“整理一下油灯”则是可以的。例3中是用介词“向”把“审视”的宾语“道静的住室、窗台，包括炕上叠得整齐的被子”引出，如改为“审视了道静的住室、窗台，包括炕上叠得整齐的被子一下”，会让人感觉不合语法，而换成“审视了一下道静的住室、窗台，包括炕上叠得整齐的被子”则很合乎语感。同理，例4中“商量”的宾语出现在前置语境中，只能替换为“他都不跟我商量一下这么大的事”。

宾语前置的情况只能替换成“V＋一下2＋O”结构，而不能替换成“V＋O一下2”结构，这当然与宾语的语义类型及结构形式还有一定的关系。但从“一下2”与宾语的各种形式的使用频次来看，“一下2”黏着于谓词性成分之后的比例是最高的。这表明“一下2”的虚化程度已经很高，紧密依附在核心谓语性成分之上，只能形成“V＋一下2”结构，充当谓词性成分的依附成分。

第二，随着时代的发展，使用“V＋O＋一下2”的频次越来越少，而“V＋一下2＋O”有增加的趋势。在第一时期的文学作品语料库中，“V＋O＋一下2”的使用频次为6次，第二时期为5次，到了之后的时期，使用频次极少，只有一两次；而“V＋一下2＋O”的使用比重愈来愈大。这说明“V＋一下2＋O”渐趋成为典型用法，“一下2”的黏着性地位是越来越稳固的。

(2)宾语的词汇形式

“一下2”具有强黏着性，因此它描写的是行为动作的内部结构，其语义指向是其前的动词，而与其后的宾语不发生直接关系。为证明这一点，下面我们考察文学作品语料库第一时期(1919～1949年)

和第五时期(2000 年后)"一下 2"后的宾语的词汇形式问题。

第一,从宾语的长度来分析。

宾语的长度主要是指宾语实际的音节数。统计结果如表 4-11 所示。

表 4-11　"V+一下 2"句中宾语的音节数

音节数	一下 2			
	第一时期		第五时期	
	V+O+一下 2	V+一下 2+O	V+O+一下 2	V+一下 2+O
1	5	1	1	6
2	1	12	0	73
3	0	3	0	13
4	0	2	0	36
5	0	9	0	29
6	0	2	0	16
7	0	6	0	23
8	0	4	0	11
9	0	3	0	15
10	0	1	0	6
11	0	2	0	7
12	0	0	0	8
14	0	0	0	3
15	0	0	0	1
16	0	0	0	1
17	0	0	0	1
18	0	0	0	1
19	0	0	0	1

续表

<table>
<tr><td rowspan="3">音节数</td><td colspan="4">一下 2</td></tr>
<tr><td colspan="2">第一时期</td><td colspan="2">第五时期</td></tr>
<tr><td>V+O+一下 2</td><td>V+一下 2+O</td><td>V+O+一下 2</td><td>V+一下 2+O</td></tr>
<tr><td>21</td><td>0</td><td>0</td><td>0</td><td>1</td></tr>
<tr><td>24</td><td>0</td><td>0</td><td>0</td><td>1</td></tr>
<tr><td>25</td><td>0</td><td>0</td><td>0</td><td>1</td></tr>
<tr><td>41</td><td>0</td><td>0</td><td>0</td><td>1</td></tr>
<tr><td>小计</td><td>6</td><td>45</td><td>1</td><td>255</td></tr>
<tr><td>合计</td><td colspan="4">7(V+O+一下 2)、300(V+一下 2+O)</td></tr>
</table>

由表 4-11 我们可以看出：

a. 不管是在第一时期，还是在第五时期，“一下 2”与动词的黏着度都很强。因为“V+一下 2+O”的使用频次(300 次)远远高于“V+O+一下 2”(7 次)。

b. 比较进入“V+一下 2+O”和“V+O+一下 2”的宾语长度，“V+O+一下 2”中的宾语只有单音节词和双音节词，对“V+一下 2+O”来说，O 的音节数可以是很多的，双音节、四音节、五音节和七音节的词语都相当多，在我们的语料库中，搜索到的最大的音节数达到了四十多个。例如：

①我们且照顾一下他的情绪，让他一边歇着，恢复一下元气。(唯阿：《穿裤子的云》)(四音节)

②我们要组织个租息调查委员会，来调查一下全村的租息关系。(赵树理：《李家庄的变迁》)(七音节)

③这里有一个问题我们还必须思考一下：上帝给我们“制造”这类物质难道就不需要时间、不需要过程吗？(周士渊：《知道更要做到》)(二十五音节)

④你可以设想一下，我们平时记 8 位电话号码也并不轻松，但现在却要记这 100 位长数，谈何容易，更何况我已是花甲之年。（周士渊：《知道更要做到》）（四十音节以上）

这说明，音节数多的宾语成分可以自由地进入“V＋一下 2＋O”格式，而 O 越长越不宜进入“V＋O＋一下 2”格式。

c. 从“V＋一下 2＋O”和“V＋O＋一下 2”的时代发展来看，宾语后置成为趋势，“一下 2”作为动词附着成分的地位日趋稳固。

第二，从句法构造的复杂程度来分析。宾语句法构造的复杂程度主要是从宾语的类型来看的。本研究对宾语类型作了统计，如表 4-12 所示。

表 4-12　　“V 一下 2”句中宾语的类型

宾语的类型	一下 2			
	第一时期		第五时期	
	V＋O＋一下 2	V＋一下 2＋O	V＋O＋一下 2	V＋一下 2＋O
代词	6	0	1	14
专有名词	0	1	0	9
光杆名词	0	15	0	56
定中结构名词	0	20	0	140
小句	0	9	0	36

通过表 4-12，我们可以知道：

a. 对“V＋O＋一下 2”来说，专有名词、光杆名词、定中结构名词、小句均不能充当宾语成分，只有代词成分可以。例如：

⑤她抬起头来，满脸庄严不可侵犯之色，打量他一下，尖了红嘴唇向左一歪，又低头修指甲。（钱钟书：《围城》）

而对于“V＋一下 2＋O”来说，宾语成分一般是比较自由的，专有名词、光杆名词、定中结构的名词短语都是可以的。例如：

⑥他现在的想法很复杂，一方面，他也隐隐约约地希望组织上教训一下梁大牙……（徐贵祥：《历史的天空》）（专有名词）

⑦我再一次打量了一下爸爸，轻轻叹一声：“这衣服，四十多年了！”（余秋雨：《借我一生》）（专有名词）

⑧嘉平跳了起来，环视了一下周围，又问：“你把大门关上了吗？”（王旭烽：《茶人三部曲》）（光杆名词）

⑨他在黑影下更打量了一下这坐在他对面的青年。（丁玲：《太阳照在桑干河上》）（定中结构名词短语）

小句宾语也可以自由使用。例如：

⑩几辆车正向前奔驰之时，姚大爷一心想赶紧离开官兵，越快越远越好，然后再查看一下有什么损失没有，心里还以为全家还正往一个方向走呢。（林语堂：《京华烟云》）（小句宾语）

而且小句宾语还能够独立成句，“V＋一下”后可以用“：”或者“，”隔开。例如：

⑪你可以设想一下，我们平时记 8 位电话号码也并不轻松，但现在却要记这 100 位长数，谈何容易，更何况我已是花甲之年。（周士渊：《知道更要做到》）（小句宾语）

“你可以设想一下”作插入语使用，其后的成分是请听者或读者“设想”的情景。

以上例句表明，“一下 2”描写的是行为动作的内部结构，其语义指向是其前的动词，而与其后的宾语不发生直接关系，因此宾语的形式可以丰富多样。“一下 2”的使用只是改变动作行为事件的内在时间结构，使其持续一个短的时段后终止。

值得注意的是，虚化的“一下 2”与一般的计量用数量短语是有区别的。例如：

我们最好商量一次，学校什么时候去春游最合适。

在这一例句中，“学校什么时候去春游最合适”并非“商量”的小句宾语，正因如此，其中的逗号必不可少。这是因为“一次”难以和叙实小句及形式疑问句兼容。这说明此时的“一次”依然表示动作的数量，它计数的功能依然被凸显，而并没有发生再次语法化的现象。它是语句的焦点信息或信息的一部分，如果省略，则影响语句的完整性。从这一点上来说，“一次”并非谓词性成分的黏着成分。

b. 从时期上的变化来看，对“一下 2”来说，有宾语存在时，典型格式为“V＋一下 2＋O”。处于定指性等级序列最顶端的代词，在前期（第一时期）进入“V＋一下 2＋O”是受限制的，而在后期（第五时期）就可以自由使用了。这说明“一下 2”已经是虚化程度很高的成分。例如：

⑫叫你来就是因为你没有事，想照顾你一下，你要不愿来也就算了。（赵树理：《李家庄的变迁》）

⑬她抬起头来，满脸庄严不可侵犯之色，打量他一下，尖了红嘴唇向左一歪，又低头修指甲。（钱钟书：《围城》）

以上两例出现在前期（第一时期），宾语为代词时，只出现在“V＋O＋一下 2”格式中，不能出现在“V＋一下 2＋O”格式里。

⑭为了完成夙愿不得不暂时委屈一下自己。（韩寒：《韩寒五年文集》）

⑮管军放下手里提着的大大小小的袋子，过去想抱一下她。（彭三源：《半路夫妻》）

⑯得放打量了一下他们，心想，我就落到了这个地步，落到了非得在“中间”安营扎寨的境地？（王旭烽：《茶人三部曲》）

以上例子出现在后期（第五时期），代词宾语自由使用于“V＋一下 2＋O”，而出现在“V＋O＋一下 2”格式中的却极其少见了，这进一步说明“一下 2”的黏着性增强了。

可见，宾语愈来愈倾向于位于“V＋一下 2”结构之外，而且允许多种类型和多音节数的宾语形式。这意味着句法上较为复杂、音节较长的宾语成分在“V＋一下 2”中活跃起来了。由于“V＋一下 2”对大块头宾语具有较强的接受能力，使得定中结构更多地用于其后。在近百年的现代汉语发展中，“V＋一下 2＋O”格式也在发生着变化，而这当然与“一下 2”的语义虚化、黏着性提高有着直接的关系，这表明它在句法地位上降低了。

c. 从宾语的结构层次来看，进入“V＋一下 2”格式的，可以是音节短小的单层次宾语、两层次宾语，还可以是多层次宾语。例如：

⑰倘若她公公曾文璞先生还在世，她就不会去了，现在曾先生已然作古，她倒很想看一下儿跳舞。（林语堂：《林语堂书话》）（单层次）

⑱一位文质彬彬的老者站起来，指着另一位站着的老者柔柔地说：“我希望你好好回忆一下与反革命分子潘汉年的关系。”（余秋雨：《借我一生》）（两层次）

⑲妈妈上下打量了一下这位美丽的少妇，问：“你这旗袍是上海做的吗？”（余秋雨：《借我一生》）（三层次）

在本研究收集到的语料中，“V＋一下 2＋O”中的“O”如果是定中结构，那么它的层次最多时可以达到四层。例如：

⑳我的头高傲轻慢地抬着，脸上挂着迷人的但却是粗心的人不易察觉的微笑，步幅匀称，只是用眼角的余光扫视一下一张张对我膜拜的陌生的脸。（唯阿：《穿裤子的云》）（四层次）

d. 从宾语的语义类型来看，进入“V＋一下 2”格式的宾语的语义可以是具体的，也可以是抽象的。这与进入“V＋一下 2”的动词的丰富性有直接的关系。语义具体的宾语如下例所示：

㉑二叔爱吃凉粉，你收拾一下豌豆面，做凉粉！（贾平凹：《秦腔》）（语义具体的名词）

㉒在写这个故事之前，我们先简单介绍一下小辫飞刀……（宁财神：《网络鬼故事》）（语义具体的名词）

下例为语义非常抽象的宾语：

㉓打算享受一下革命成果，但您想啊，那帮僧人也不是吃素的，凭什么我们干了活，让你丫享受啊？（宁财神：《达摩祖师》）（语义抽象的名词）

㉔这时他想到了大哥寄来的诗词，忙下床去翻，终于找出《少年游》《苏幕遮》，体会一下意境，想这两首词太凄悲，留着待到分手时才能派上大用场。（韩寒：《韩寒五年文集》）（语义抽象的名词）

其他还有如“全村的租息关系”“家中财务情形”“中日战争的原因”“这其中原因”“爱情的幻觉”“对至尊至贵的敬畏”“二十世纪初中国军阀混战的局面”“他们之间的那种剑拔弩张的空气”“先前的愿望”“关于虚拟与现实的距离问题”，等等。

通过上面的分析我们可以了解到，对补位“一下 2”来说，“V＋一下 2＋O”，即宾语后置，是典型格式，对较长宾语的接受能力强。这证明宾语只与“V”发生句法关系，而“一下 2”跟动词的黏着程度增强了，它成为谓词性成分的一个纯粹的附着成分。

3)语音弱化

语音弱化也是意义虚化在形式上的表现之一。由于意义的虚化，对构成语法手段的词来说，原有的词汇意义并不是它要表达的内容。既然新的语法形式是由原来的结构虚化而来，这些结构在特定的结构、特定的情况下就会出现声音上的弱化，甚至脱落，从而留下语音上的痕迹。这是语法化往往伴随着语音“销蚀”(erosion)的现象。海恩(Heine)提出，词汇语用频率与语音侵蚀的历时序列关系为：去语义化→高频率→信息价值丢失→语音销蚀(Desemanticization→High frequency→Loss of information value→Erosion)。

“一下”伴随着语法化而产生的音变现象是一个连续的渐变过程，它随着语义虚化的逐步加深而继续变化，总的趋势是不断简化或弱化，离本字的读音越来越远，虚化程度越高，弱化的程度也就越高。下面我们就考察“一下”的音变过程。

①故吾道一高一下，一沉一浮，欲使众贤共察之也。(《太平经》)

②所以我“宁撞金钟一下，不打破鼓三千”。(曹雪芹:《红楼梦》)

③这一批人以理发师老崔为中心形成一个小圈子，理发店的店堂便成了一个公共小沙龙，每天都有人来，不一定来理发，主要来交流服饰发型方面的最新情报，偶尔也要讨论一下文学电影和戏曲。(苏童:《河岸》)

④麻烦您抬(一)下儿脚。(日常会话)

在例1中，“一下”与“一高”对举，是谓词性结构，在句中作谓语，“一”和“下”都必须重读。例2中稍有变化：“一下”与“三千”相对而出，强调数量词“一下”，数词“一”是强调的重心，所以“一”比“下”读得重些。而例3中语音情况发生变化，“一下”的意思是时量短，表明“讨论”的动作在时间量上有所缩短，“一下”的读音弱化。到例4，不但“一下”均读作轻声，数词“一”甚至还可省略，读音可以完全消失。

在现代汉语中，像例4中“V＋下儿”的形式在网络新闻、聊天记录、手机短信、年轻人的日常会话中常常可以见到。例如：

⑤关心他，就留下儿言。(QQ空间)

⑥小李现在不在宿舍，你可以给她打下儿电话。(日常会话)

⑦你等下儿我，我马上就来。(日常会话)

⑧刚才看了下儿你的微博，了解了不少育儿之道。(日常会话)

⑨咱们讨论下儿明天的日程安排吧！(日常会话)

“V＋下儿”中的“下儿”从语义上来看，没有计次义，很明显是短时量义，可以判断它是由“一下2”发展而来。可见，“一下”在虚化过程中声调逐渐弱化，推动了原有的调值和音高。从“一下1”到“一下2”，再到“V＋下(儿)”，语音上发生的一系列的次第变化，是其语义虚化、句法地位降低的表现。

从本节的论述来看，具有抽象语义的“一下2”，已经从数量短语“一下1”词汇化为一个短时量词，并发挥着短时体标记的功能；在语义上为动作行为事件规定经历短暂续段的终止点，语义具有模糊性和抽象性；对前附成分谓词性搭配项有很强的依赖性，作为虚化成分跟它的前附成分联系紧密，一般不能插入宾语，黏着度强；语音出现弱化，甚至销蚀的情况。可见，“一下2”已经是语法化程度高的语法标记性虚词，具体来说，是一个短时体标记。

本章对现代汉语中短时义“一下”(简称“一下2”)的语义特征、谓词性搭配情况、句法表现作了探讨。在现代汉语中非计次义的“一下”使用更为频繁，表示动作行为的短时义，与计次义相比，是较为抽象的语义类型。首先，它在语义上表现出短时性、模糊性和歧义性的特点。其次，经过对“一下2”的谓词性搭配项情况的统计，笔者发现它的称量对象已由表具体动作的动作动词扩展到一般的动作动词，尤其是语义抽象的动作动词以及语义更为抽象的心理状态动词；由称量单音节词为主扩展到多种类型的双音节词，甚至多音节词；由称量瞬间持续双界动词扩展到一般双界动词和非双界动词；由仅称量动词扩展到称量变化形容词甚至是名词。可见，“一下2”具有语义抽象性特征，搭配范围渐宽。这种语义上由具体到抽象的变化，语言环境上由窄到宽的拓展，必然引起其句法和功能上的“连锁反应”。第三，从功能特点上来看，“一下2”已从数量短语词汇化为时间量词，这可从“一”的不可替换性、“下”的句法地位的降低得到证实。另外，短时量词“一下2”也已语法化为短时体标记，它在意义虚化、结构黏着、语音弱化这三个方面都具有虚化为短时体标记的特征。“一下2”意义虚化，已经不具备计数的词汇意义，而是表示一个具有模糊性的短时量，整个结构能够起到对动词的时间特征进行限定的作用。在结构上，“一下2”跟它的前附成分(谓词性搭配项)的联系很紧密,一般不能插入其他成分,而且作为体标记,它描写行为动作的内部结构,即它的语义指向是其前的谓词性成分,与其后的宾语不发生直接的语义关系。在语音上,"一下 2"出现了声音上的弱化,甚至脱落。

第 5 章　情态标记“一下”

短时体标记“一下 2”以整个结构对动词的时间特征进行限定，表示动作在时间轴上占据一个相对较短的时段，动作的起点和终结点之间的距离相对较短，或者在说话者看来比较短。我们通过对语料的观察发现，在某些语言环境中，“一下”的使用往往带有说话人对动作、行为、事件的认识、态度和情感，在言语交际中传达出主观上将动作、行为、事件尽量往短时量来说的语义特征，从而达到一种缓和语气、礼貌施为的语用功能。可以说，当“一下”对所在句子的语用意义作出一定贡献时，它就虚化成语义性逐渐减弱、功能性逐渐增强的功能词(function word)了。应该说，短时体标记“一下 2”向情态标记渗透，在现代汉语中衍生出了一个具有礼貌功能的情态标记“一下 3”。功能标记作用的获得，使“一下 3”成为语法化程度更高的语言表现形式。

本章将首先探察现代汉语“一下”由短时体标记向情态标记渗透在语义表达功能上的转变及句法表现。然后通过定量考察“一下 2”存在的语言环境，分析衍生情态标记“一下 3”的典型分布情况。最后探讨“一下 3”在不同类型的言语行为句中发挥的语用功能。

5.1　从短时体标记到情态标记

言语是传递信息、表达思想的工具，因此一个句子的语义是由命题和情态两部分构成的。命题(proposition 或 propositional content)是言语主体在不加入任何主观态度的前提下向言语对象所提供的一个客观信息。情态(modality)则表现言语主体的某种态度或判断,它是一种主观性态度。一个句子除了可以表达客观的命题意义之外,还可以加上说话人对命题的看法、评价等。命题提供客观的信息,情态表达言语主体对命题的判断及传递该信息时的某种态度。命题部分体现言语的命题功能,情态部分则体现言谈功能。

英国语言学家莱昂斯(Lyons)指出,情态这个术语指的是“说话人的主观态度和观点的语法化或语句中的那些主观性特征;情态是指语句中的非事实性(non-factuality)成分;情态是说话人对句子所表达的命题或命题所描写的情景的观点或态度”[①]。英国语言学家帕尔默(Palmer)认为主观性是衡量情态的基本标准,所以他将情态定义为说话人主观态度和看法的语法化。[②] 彭利贞在综合分析了多种情态定义后,认为所谓情态就是说话人对命题的真值或事件的现实性状态表达的主观态度。[③] 可见,主观化是情态定义中不可或缺的部分。“一下 2”作为一个短时体标记,其短时义也往往具有主观化倾向。王力在论述短时貌时曾说:“这样说话人所想象的时间自然是很短暂的。”[④]这说明早在 20 世纪 50 年代,王力就注意到了短时体的主观化特征。当“一下 2”具备了主观化语义特征,能够表达说话人或施事者主观上认定动作、行为、事件为短时量时,就成为表达对命题的主观认识、态度和情感的情态成分。

情态成分常以标记的形式出现,通过情态标记这一语法形式来表达说话人针对句中命题的某一特定的主观情感。“一下 2”在凸显主观短时义时,其命题功能减弱、言谈功能增强,就成为体现话语表

---

① 崔诚恩:《现代汉语情态副词研究》,中国社会科学院研究生院博士学位论文,2002 年。

② Palmer, Frank Robert. *Mood and Modality*. London: Cambridge University Press. 1986. p. 16.

③ 参见彭利贞:《现代汉语情态研究》,中国社会科学出版社 2007 年版,第 23 页。

④ 王力:《中国现代语法》,商务印书馆 1985 年版,第 296 页。

达礼貌原则的情态标记“一下 3”。下面我们分析由计次义“一下 1”到短时义“一下 2”再到情态标记“一下 3”发展过程中，其语义表达功能的转变，并对其相应的句法表现作出分析。

在现代汉语中，“一下”可以表示动作行为的“单次量”义，即“一下 1”的用法，此时，它具有明确的概念意义，体现言语的命题功能。例如：

①她睁开眼，不满地斜视着我，嘴唇噘了一下，鼻子皱了一下，然后又闭上了眼。（莫言：《丰乳肥臀》）

②白度和元豹坐下，旁边的一个肥蠢的男人迟钝地伸出一只手，元豹连忙握了一下，笑笑，男人毫无反应。（杨沫：《芳菲之歌》）

在例 1“嘴唇噘了一下，鼻子皱了一下”中，“一下”用于计量噘嘴和皱鼻子的次数。“噘嘴唇”“皱鼻子”是“她”表示不满的动作表现，发生于“斜视着我”的同时或稍后的时间里，是对当时情景的客观细致的描述。“噘嘴唇”“皱鼻子”的次数是“一下”，而不是“很多下”。“一下”的存在，使信息的意义表达清楚而完整。假如从句子中删除“一下”这个词，句子的意义就会变得不完整。可见，“一下”是句子所不可或缺的成分。

在例 2 中，“握了一下(手)”中的“一下”用于计量握手的次数为一次。这应该是对当时情景的客观描述，是对客观意义的陈述，体现了语言的命题功能。由于“一下”的存在，句子的意义表达得清楚而完整。可见，“一下”对所在句子的命题意义作出了明显贡献。“一下 1”在语句中的计次功能是被凸显的，因此，“一下 1”是语句不可或缺的命题成分。

李兴亚认为，数量成分在句尾的“宾补”式突出了量词结构，计数的意味比较重些，作补语的量词结构大都重读。这充分说明了数量成分位于句尾的句子中，数量成分是句子的语义重心。[①]

---

① 参见李兴亚：《宾语和数量补语的次序》，载北京语言学院语言教学研究所：《现代汉语补语研究资料》，北京语言学院出版社 1992 年版，第 289～295 页。

“一下 2”用于表达动作行为的短时义。而所谓动作行为持续时间的短暂，其实并没有一个客观的评价标准。实际上，一个事件需要经历多长时间是物理时间问题，而观察者认为这个事件具有短时性质还是长时性质却是心理时间问题。二者有密切联系，但并不是一回事。语言是交际的工具，交际者的表达方式反映了交际者对事件的观察方式。在现代汉语中，“一下 2”的使用处于以下两种情形之中：表示客观的短时和表示主观的短时。

第一种情形是动作行为在客观上是短暂的，同时主观上也被认为是短暂的。如：

③洪哥差点从椅子上蹦起来了，他愣了一下，接着嬉皮笑脸地用手指指着自己的鼻子：“那你认不认识我？”（唯阿：《穿裤子的云》）

④姚月琴的灵活的眼珠飞快地转动起来，眼光在沈振新的发光的脸上扫视一下，便笑了一声跑走了。（路遥：《平凡的世界》）

从客观事实上来说，例 3 中“愣”和例 4 中“扫视”的时间可能就是比较短的。“愣”了一个短暂的时段，此时可相当于“一会儿”，“接着”做出用手指指鼻子的动作。“扫视”的时间也不会太长，因为“扫视”与其后发生的动作“笑了一声跑走了”之间用“便”这一表时间紧承关系的副词连接，更加凸显“扫视”的短暂性。在以上例子中，“一下 2”一般来讲是对于事实情况的陈述，是对客观量的表达。这种对客观意义的陈述，体现着语言的命题功能。“一下 2”的概念意义明确，它的存在使句子的意义完整、清楚，它对所在句子的命题意义具有明显的贡献。

第二种情形是动作行为在客观上可能不短暂，但主观上把它看作是短暂的。如：

⑤现在是组织起来，武装起来的时候了，你在车站上要多注意一下武器的问题。（刘知侠：《铁道游击队》）

⑥韦贤仔细打量了一下李克农：一身戎装，缀少将军衔，圆

圆的脸庞上架着一副黑色眼镜，透出一股英武之气，正盯着自己。（方可、单木：《中央情报首脑李克农》）

以上例句中，“多注意”“仔细打量”一定是要费较长工夫、精力和时间才能做的。此时“一下 2”的使用明显带有说话人对动作、行为、事件的观察方式，是有意将其视为一个短暂事件，反映出说话人对事件的认识、情感和态度，话语的主观化明显，整个语句的语气舒缓、轻松，体现着一种交际原则。可见，当“一下 2”表示主观短时义时，将动作、行为、事件往短里说的意图明显，表达的是言语主体对命题的判断和传递该信息时的某种态度，这体现出“一下 2”的言谈功能。例 5、例 6 如果去掉“一下”，变为“你在车站上要多注意武器问题”“韦贤仔细打量了李克农”，这样的句子在结构形式和语义上都还是正确的。“一下 2”的省略不影响句子的命题内容，只是使得说话者的语气有命令的口吻，态度较为强硬。在例 5、例 6 中，“一下 2”所修饰的动作、状态等谓词性成分是句中的主要语言成分，其意义得以前景化，而“一下 2”成为句中的次要语言成分，其意义被背景化了，其添加不影响语法表达式的内容，不对命题的意义产生影响，假如删除“一下 2”这个词，句子的命题意义仍然保持完整。也就是说，“一下 2”对所在句子的命题意义的贡献变小了。相反，“一下 2”对所在句子的语用意义作出了一定的贡献，其语义上一定程度的损失在语用层面上得到了相应的补偿。可见，表示主观短时义的短时体标记“一下 2”已经向情态标记渗透，在现代汉语中已经衍生出了一个情态标记“一下 3”。功能标记作用的获得，使“一下 3”成为语法化程度更高的语言表现形式。

综合以上对各例句的分析，我们可以知道“一下 3”的作用并不在于参与汉语句子的语法结构，而主要是作为情态标记来使用。首先，在语义上，“一下 3”实在的意义弱化，有或没有不影响语法表达式的内容（命题）。其次，在语法上，它不是语法结构必需的成分，有或没有不影响语法结构的合法性。再次，在语用上，它是必需的成分，它的目的在于保证和促使话语交际的成功，它的有无会直接影响到语句的效力(force)。

那么,短时体标记与情态标记之间是如何建立联系的呢?“很多语言事实表明,人类语言中的时间指示系统与情态指示系统之间存在着相互演变关系,如将来时很少单纯用于表示将来,而是多用于表示推测、意愿等情态。过去时则可以用于非事实语气,如虚拟语气。”[①]我们认为作为短时体标记的“一下2”正在向情态表达渗透,渐趋成为一个情态标记。日本汉学家太田辰夫认为,这一发展过程是从叙实功能“退化”为非叙实功能,法国语言学家柯里斯进一步将其概括为“时间范畴＞情态范畴”的语法化模式,并伴随着主观化的过程。[②]

不过,值得注意的是,“一下2”存在兼类和歧义现象,它往往既能表示客观短时义,也能表示主观短时义。“一下2”只有在凸显说话人将动作、行为、事件往小里说的认识、态度和情感的主观短时义时,才能成为“一下3”。而说话人的认识、态度和情感具有极强的主观性,我们在进行话语分析时,往往很难判定说话人所表达的短时义是客观的还是主观的,这就会导致“一下2”在同一语句中既可被视为短时体标记,同时也可视为情态标记。从语法化理论来进行诠释,这是历时演化的过渡阶段在共时语言系统中的反映,主要是因为语法化是没有终止的连续渐变过程,处于语法化程度不同的两种形态A和B可同时存在,且存在中间阶段,在这个中间阶段,对同一语句中作A和B两种理解都是可以的。这种中间阶段大量存在于语言事实中。鉴于此,我们重点讨论“一下3”的典型分布环境。

---

① 徐晶凝:《情态表达与时体表达的互相渗透——兼谈语气助词的范围确定》,载《汉语学习》2008年第2期。

② 参见陈前瑞:《“来着”的发展和主观化》,载吴福祥主编:《汉语主观性与主观化研究》,商务印书馆2011年版,第53页。

5.2　“一下 3”的语言环境分析

短时义“一下 2”在何时具有情态标记的功能，即何时体现言谈功能，体现出说话人对命题的主观认识、态度和情感，这对于我们认识和判断情态标记“一下 3”具有重要意义。更为重要的是，我们可以以此探察随着“一下 2”从语义到语用语法化程度的加深，其句法表现上的连锁反应或相关性。本节通过语言环境的分析来探讨这一问题。具体从两个方面来谈：一是从谓词性搭配来看情态标记“一下 3”的分布情况；二是从言语行为类型角度来看情态标记“一下 3”的分布情况。

5.2.1　搭配分析

补位“一下 2”作为短时体标记，起着改变动作行为内在的时间属性的作用。在语料库中，我们能比较频繁地看到“多注意一下”“仔细考虑一下”等语句，其中“注意”“考虑”都是一般持续的双界动词，“一下”的添加可以表示客观的短时，也可以表达说话人对这些动词作短时处理的主观视角。但是这些动词前的搭配项“多”“努力”已经改变了动词的时间属性，很明显“多注意”“仔细考虑”所表示的动作行为一般是具有长时间的持续性特征的。其后的“一下”的添加不改变言语的命题意义，仅在表达上凸显主观短时的言谈功能，起到情态标记的作用。

为考察在实际语境中此类用法是否常见，我们对谓词性搭配项前的搭配项进行了统计、观察与分析，这样可以考察“一下 2”渗透为情态标记“一下 3”的情况。首先将含有“一下 2”的典型谓词性搭配项的检索句检索出来。然后在 SQL Server 软件中，运用基于窗口的搭配抽取技术，以[－2，＋0]为窗口对“V＋一下 2”格式前的搭配项进行统计。之后进行校对，最后汇总出谓词性搭配项前的修饰语，我们发现以副词成分居多，如表 5-1 所示。

表 5-1　　谓词性搭配项的修饰语

序号	搭配词	使用频次	谓词性搭配项例词	序号	搭配词	使用频次	谓词性搭配项例词
1	好好	110	了解、处理	24	勉强	4	笑
2	多	41	来、见识	25	狠狠	4	教训
3	仔细	40	想、检点	26	粗略	3	估计
4	稍微	37	缓解	27	用力	3	跑
5	暂时	26	应付	28	临时	3	用
6	简单	22	谈、介绍	29	权且	2	借用
7	稍稍	18	努力	30	用心	2	准备
8	略微	18	想、关注	31	细细	2	琢磨
9	略	17	坐	32	深入	2	体会
10	顺便	16	问、说	33	彻底	2	变、休息
11	稍	15	休息	34	努力	2	思考
12	略微	14	注意	35	简短	1	介绍
13	认真	13	学习、考量	36	简要	1	描述
14	略略	12	想	37	匆忙	1	离开
15	略为	11	关注	38	严肃	1	诉说
16	详细	11	讲	39	集中	1	反映
17	随便	11	讨论	40	严格	1	归纳
18	具体	9	谈	41	切实	1	落实
19	适当	5	扶持、调动	42	及时	1	更新
20	大致	5	浏览、估	43	大大	1	提高
21	大概	5	猜	44	充分	1	研究
22	慢慢	5	来	45	正式	1	宣布
23	细	4	谈	46	全面	1	检查

我们进一步将这些修饰语按语义类别划分为两类：一类是“轻随类”，如“稍微”“简单”等；一类是“郑重类”，如“好好”“仔细”等。使用情况如表 5-2 所示。

表 5-2　　谓词性搭配项的修饰语类别

	搭配项数	使用频次	百分比(%)
轻随类	21	240	48
郑重类	25	260	52
合计	46	500	100

一般来说，与“轻随类”修饰语搭配的谓词性成分一般费时短，与“郑重类”修饰语搭配的谓词性成分一般费时长。可见“一下”所称量的动作、行为、事件在客观上来讲，既可以是费时短的，也可以是费时长的。那么与“一下 2”搭配后在语义上有何变化呢？下面我们举例分析。

①对工作组组长，要严惩，不是什么随便处理一下就完了。(莫应丰:《将军吟》)

②为了完成夙愿不得不暂时委屈一下自己。(韩寒:《韩寒五年文集》)

这两例中“一下 2”用于“轻随类”词修饰的动作后，与其语义相合，共同表示时量短，可以是客观陈述动作行为的短暂，也可以表示说话人主观上将动作行为往短时量说的态度。因此，此时“一下 2”的短时义存在歧义，因为其既可以表达客观短时，也能表达主观短时。

③陈克训仍然在为弟弟的前程考虑，不屈不挠地说:“墨涵你好好掂量一下，如果你想离开凹凸山，我就开始活动，这也不是个难事。”(徐贵祥:《历史的天空》)

④困难确实不能低估，还要详细调查一下，才能下最后决心。(魏巍:《地球的红飘带》)

⑤我的具体意见是：马上把他们的问题调查清楚，明天开一个军人大会，首先从纪律上严格整顿一下。(魏巍:《东方》)

在以上三例中，“一下 2”用于“郑重类”词修饰的动作时，两者貌似语义相抵牾。因为以郑重的态度来完成某事、某任务的时量一般来说较长。因此在这里，“一下 2”的言谈功能得以凸显，所表达的是主观上将事情“往短里说”，起到主观减量的作用。以上我们从搭配成分分析了“一下 2”演变为情态标记“一下 3”的情况。

此外，“一下 2”与某些心理状态动词搭配时，也常带有情态色彩。心理状态动词一般“是表示较长久的（有的是永恒的）情感、感觉或认知上的态度的，它只是客观地对这些方面作出反应和判断”[①]。例如：

⑥您这爱心用得不是地方，您光爱您这鸡了，您爱一下人类行吗？（彭三源：《半路夫妻》）

此处，“爱”指“对人或事物有很深的感情”，是一种持续性的行为表现。而“爱一下”将“爱”这一长久的情感短暂化了，表达出说话人的主观情感和态度。

可见，“V”变为“V＋一下 2”以后，表示的还是原来的那个动作，动作的性质没有变化，没有变成别的动作，但是比起“V”来，“V＋一下 2”增加了短时义，使得动作在时间上有了不同的特征。“一下”能够缩短原本可以无限延续的动作或可以长时延续的动作，跟动词原式相比，它让动词附加了短时“终止性”意义。[②] 此时，“一下”往往体现说话人主观意图的表达方式，成为情态标记“一下 3”。

5.2.2 言语行为类型分析

本节考察“一下 2”所在句的上下文环境，以便了解其向情态标记“一下 3”渗透的情况，并概括“一下 3”使用的典型分布情况。美国语用学家塞尔（Searle）提出一切语言交流都包含言语行为，并归纳出成功实施各种言语行为的不同语用条件。我们可以首先了解某种

① 李临定：《现代汉语动词》，中国社会科学出版社 1990 年版，第 114 页。

② 参见蒋湘平：《现代汉语短时体研究》，北京师范大学博士学位论文，2008 年。

语言项目能够在什么类型的言语行为中使用，然后根据这些言语行为的结构特点来推知使用这种语言项目的语境。简单地说，了解了一个语言项目的言语行为类型，我们就可以知道它的语言使用环境。塞尔把言语行为的目的作为基本概念，将语言用途分为五种类型：①断言行为（assertives）：我们告诉别人事情如何。②指令行为（directives）：说话人试图让听话人做某事。③承诺行为（commissives）：说话人保证自己在将来实施某个行为。④表情行为（expressives）：我们对某事表明我们的态度或表达我们的感情。⑤宣告行为（declarations）：我们通过话语而造成某种事实。[①]

塞尔的言语行为理论是基于对话情境而产生的，对于叙述情境下说话人实施各类行为的情况并未作过多的探讨和研究。通过对语料库中补位"一下 2"句进行考察可知，它既可运用于对话情境中，也可以运用于叙述情境中。在这两种情境中，说话人或施事使用"一下 2"所实施的行为无论是整体的情况，还是具体到某一类行为，都存在一定程度的差异。这提示我们，在运用理论对同一语言现象进行分析时，应考虑不同环境对语言使用的影响，这样才能使考察结果更加准确和科学。

经过初步考察可知，在对话情境中，"一下 2"句有说话者对现实情况的陈述，但更多是表达说话人的意愿、要求等，表达的是虚拟情况。在叙述情境中，"一下 2"句主要是对现实情况进行描摹与陈述。我们随机抽取了 200 条"一下 2"检索句，对其言语行为类型进行了归类分析。首先概括"一下 2"句中言语行为类型的总体情况，其次探讨"一下 3"的典型分布环境。

我们先说"一下 2"句的言语行为类型。

(1)对话情境

在对话情境中，"一下 2"句共 105 条，可出现在多种言语行为类

---

① 参见何自然、陈新仁：《当代语用学》，外语教学与研究出版社 2004 年版，第 56～80 页。

型句中，包括指令行为句、意愿行为句、断言行为句、承诺行为句和表态行为句。此外，还有不少“一下 2”句，其言语行为类型利用塞尔的理论难以归类，它们主要用于表达说话人或施事人自身的愿望，本书将其定名为“意愿行为句”，将在下文作更具体的阐释。对话情境中“一下 2”句言语行为类型的归纳如表 5-3 所示。

表 5-3　　对话情境中“一下 2”句言语行为类型

言语行为类型	数量	比例(%)
指令行为句	69	65.714
意愿行为句	27	25.714
断言行为句	3	2.857
承诺行为句	4	3.810
表态行为句	2	1.905
总计	105	100

据此我们可以对“一下 2”出现的语境作出描述。

“一下 2”出现的典型语境是在指令行为句中，半数以上的“一下 2”句都是指令言语行为句。这类句子是 S(说话者)试图使 H(听话者)将来去做某事，S 的心理状态是一种希望和意愿，这类句子的命题内容是 H 将来要去做某事。“一下 2”可以用在迫切程度不同的指令句中，表示“命令”“请求”“祈使”和“建议”等。例如：

①老刘，你好好地去给他们解释一下。(老舍:《春华秋实》)(表命令)

②我劝您到医院去好好检查一下！(老舍:《全家福》)(表建议)

③好，教他们都回忆一下，凡是有关于栗晚成的，哪怕是很微细的一件事，平淡的一句话，只要想起来，请你就都记下来，赶快告诉我。(老舍:《西望长安》)(表祈使)

④梁师傅，先烤烤火，休息一下。（老舍：《春华秋实》）（表祈使）

⑤有机会替我们介绍一下好么？（杨沫：《芳菲之歌》）（表请求）

“一下 2”还可以出现在断言行为句中。这类句子中“一下 2”使用的语境是：S 从某一角度或在某种程度上提出某一命题，S 相信这一命题是真的，并且通过言语行为对这一命题的真实性承担起责任。“一下 2”可以用在附加条件不同或完成模式不同的断言句中，表示“陈述”和“判断”。例如：

⑥我考虑了一下，想让你和德顺老汉去，不知你愿意不愿意？（路遥：《人生》）（陈述行为句）

⑦柳明被妈妈娇惯，从来对妈说话，都爱带刺儿，“前线打仗那么紧，我是个中国青年，中国学生，人家有的都当兵打日本去了；我不过去卢沟桥附近——干脆说吧，多半在姥姥家照顾一下伤号，瞧你们这急的！”（杨沫：《芳菲之歌》）（判断行为句）

“一下 2”也可以出现在表示提供帮助的承诺行为句和表示责备的表态行为句中。如果 S 觉得自己做某事对 H 有利，要表达出做某事的意向，S 可以用“一下 2”句；如果 S 觉得某人做错了一件事，要表达出不满，S 也可以用“一下 2”句，例如：

⑧把这个老东西（指旧表）交给我，我去给收拾一下！（老舍：《春华秋实》）（承诺行为句）

⑨我给几个同学和我的一些朋友打了电话，让他们帮忙安排一下你的工作。（王朔：《刘慧芳》）（承诺行为句）

⑩这是件大事，你怎么不跟我商量一下就自作决定呢！（杨沫：《芳菲之歌》）（表态行为句）

“V＋一下 2”句中还有很多对话语句，其言语行为类型利用塞尔的言语行为理论较难归类。例如：

⑪她接着很快地说下去:“我想采访一下您……”(张洁:《沉重的翅膀》)

⑫安疆没有慌乱和哀求,平静地说:“我要和家里人商量一下。”(毕淑敏:《拯救乳房》)

⑬我打算修理一下,中间作小舞厅,两旁布置几间卧室,都带卫生设备。(老舍:《茶馆》)

⑭咱们今儿晚上得找个馆子庆祝一下,兄弟作小东。(钱钟书:《围城》)

仔细分析这些语句,我们认为,这类句子是S试图在将来去做某事,说这句话时S的心理状态是自身抱有一种希望和意愿。这类句子的命题内容是S将来要去做某事,语言与现实相对应的方向为语言指向现实。我们将这类行为称为“意愿行为”。意愿行为与指令行为都表示一种希望和意愿,区别在于目的的差异:意愿行为的目的是S试图将来去做某事;指令行为的目的是S试图使H将来去做某事。

(2)叙述情境

在叙述情境中,“一下2”检索句共有95条,可分为断言行为句、指令行为句和意愿行为句,使用比例如表5-4所示。

表5-4　　叙述情境中“一下2”句言语行为类型

言语行为类型	数量	比例(%)
断言行为句	76	80.00
指令行为句	10	10.53
意愿行为句	9	9.47
总计	95	100

在叙述情境中,“一下2”多出现于断言言语行为句中。断言言语行为句主要用于陈述,以陈述过去事件的已然句居多。“一下2”既可以表现客观短时,也能表示主观短时。

首先，可以表示动作、行为、事件客观上的短时持续。

①说完，拥抱我一下，她说这是“西礼”。（瞿俊杰：《话说王姬》）

②他向王支书简单汇报了一下本镇大队近一月来的工作。（古华：《芙蓉镇》）

③她匆匆收拾一下，跨出大门，加快步伐，一个劲向厂里赶去。（周而复：《上海的早晨》）

在上例中，“拥抱”“简单汇报”“匆匆收拾”在客观上一般都是短时的动作行为，“一下 2”的使用凸显动作行为的短时性。

其次，现实环境下，句中使用“一下 2”除了可以表示动作行为客观上确实是短时持续的，也可以表示动作、行为、事件客观上是长时持续的，但说话人主观上将其描述得短暂，体现出语义的主观性倾向。例如：

④邓军独自一人静静地坐着，他仔细打量了一下这座农舍，突然感到这曾经是多么温暖的一个农家呵！（魏巍：《东方》）

⑤方文煊想，要是他和她在一起生活，他会替她好好安排一下。（张洁：《沉重的翅膀》）

“仔细打量”在客观上时间较长，“一下 2”的使用主观上将其时量缩短。“好好安排”在客观上应该也是费时比较长的，在其后使用“一下 2”，主观上缩短其时量。

此外，也有少量陈述惯常事件的例句。例如：

⑥看看有没有自己的电子邮件，翻阅一下更新的网上杂志，再到网络画苑瞧瞧，欣赏几幅迷人的摄影作品，读上一则使人开怀的逸闻趣事，了解一番 CD 排行榜。（张克平：《沪上新热点：电脑上网》）

⑦一边工作，一边轻唱，还时时微笑一下，仿佛生命精力的漾溢，随时荡起一些波痕似的。（老舍：《大地龙蛇》

叙述情境中的“一下 2”还可用于指令言语行为句，以陈述命令。

例如：

⑧这人喝了不少酒，醉态百出，嫖娼被拘，居然敢口出狂言，分局领导要值班民警核实一下情况，准备严加处置。（杨少衡：《林老板的枪》）

“一下 2”句也可用于表达对建议的陈述。例如：

⑨大家纷纷劝他慢一点，或者休息一下再干，他摇摇头，谁的话也不听，只是没命地抡镢头……（路遥：《人生》）

以上例句中，表达对命令和建议的叙述的语句实际上是对对话语境下指令言语行为句的转述。

此外，“一下 2”句还可以用于描述个人（说话者或施事）的愿望。例如：

⑩陈市长做了“五反”动员报告，他心里更加沉重，考虑了再三，决定找家里人来好好商量一下。（周而复：《上海的早晨》）

例 10 表达了陈市长的个人愿望。

下面我们再讲讲“一下 3”的典型句法环境。

根据对“一下 2”句言语行为类型的归纳分析，我们发现它在表达说话人对事件处理的主观态度、预期与愿望的指令句、意愿句中的使用是十分频繁的。石毓智曾区分“现实句”和“虚拟句”，他在《肯定和否定的对称与不对称》一书中指出：表达客观存在的事物、行为、性质、变化、关系、量等情况的句子称为“现实句”，语言中多用陈述句的方式来表示；表述不符合事实的、假设的、主观幻想的、不真实的事物、行为、性质等的句子称为“虚拟句”，语言中用条件句、假设句、意愿句、祈使句、疑问句等加以表示。[①] 根据这一分类标准，我们判定“一下 2”所在的指令句、意愿句、承诺句、表态句均属于表现说话人

① 参见石毓智：《肯定和否定的对称与不对称》，北京语言文化大学出版社 2001 年版，第 47 页。

观察动作或事件的主观视角的虚拟句，断言句属于现实句。我们对此进行统计，结果如表 5-5 所示。

表 5-5　　虚拟句与现实句中“一下 2”的使用情况

类型	数量	比例(%)
虚拟句	121	60.50
现实句	79	39.50
合计	200	100

可见，“一下 2”更为频繁地使用于虚拟句中。在语法化的过程中，语言单位所处的句法环境(syntactic context)起着至关重要的作用，是语法化发生的决定性条件。带有主观化色彩的非现实情境虚拟句能够为情态标记“一下 3”的产生提供适宜的句法环境。虚拟句正是“一下 3”的典型分布环境。下面我们通过重点考察指令行为句和意愿行为句的句式特点，来进一步分析其句法环境的特点。

(1)运用于指令行为句

虚拟句，是一种主观意向强的句子，正符合“一下 3”主观上为动作、行为、事件减量的语义特征。石毓智提到，虚拟句在语言中用条件句、假设句、意愿句、祈使句、疑问句等加以表示。根据对语料的观察我们发现，指令行为句经常运用于祈使句、条件句和疑问句之中。

第一，祈使句是最常见的。所谓祈使句，是指向听话人提出要求，希望他做什么或不做什么的句子。“任何祈使核心都表达意愿。”[①]“一下 3”在祈使句中的使用更加凸显了行为参与者对动作行为的控制。祈使句常使用“不妨”“要”“应当”“应该”“必须”“该”“可以”“最好”“需要”等能愿动词或动词，还常使用“请＋(NP)＋VP”“叫＋(NP)＋VP”“让＋(NP)＋VP”“把＋NP＋VP”“将＋NP＋VP”“给＋(NP)＋VP”“替＋(NP)＋VP”“VP＋吧”“NP＋VP＋好

① 孙淑芳:《祈使言语行为的分类及其语义诠释》，载《中国俄语教学》1999 年第 1 期。

不好""NP+VP+好么""来+VP"[①]等句式，或者句中有能够反映这类意义的语气或语调。例如：

①有机会替我们介绍一下好么？（杨沫：《芳菲之歌》）

②可是光我愿意不行啊，总得跟你父母商量一下啊！（老舍：《秦氏三兄弟》）

③我要你好好回忆一下你见过的东西。（[乌拉圭]奥·基罗加：《胡安·达里恩》(上)）

④今天晚上在这里过夜，要队员们休息一下，明天拉到湖边，我们将好好布置一下，对临城、沙沟的鬼子发动攻势。（刘知侠：《铁道游击队》）

⑤他对我的拒绝有点惊讶，让我回家好好考虑一下。（余秋雨：《借我一生》）

第二，"一下3"可用于条件句。条件句指具有条件关系的复句，一般由两部分组成：一是条件；二是该条件引发的结果。条件部分常使用"一下3"，具有非现实性，表达的动作行为多不是已然的，而是说话人希望发生的条件，常带有祈使或评议的意味。条件句中常有如"只要""如果""的话"等标志性成分。例如：

⑥如果对照一下，就会发现，相隔三百多年的两个朝代，境况竟然如此的相似，都是兵败不久，都是京城空虚，都是人心惶惶，都是投降逃跑言论甚嚣尘上。（当年明月：《明朝那些事儿》）

⑦政府给你们面子，只要坦白一下就完了。（周而复：《上海的早晨》）

第三，"一下3"可用于疑问句。疑问句可以是有疑而问，也可以是无疑而问。它常可以表达对对方或他人的要求。疑问句的标记有"可不可以""可否""能不能""能否""能+VP+吗""你就不能+VP"

---

① NP代表名词词组(noun phrase)，VP代表动词词组(verb phrase)。

“是不是”“是否”“为什么”“为什么不＋VP”“要不要”“怎么”“难道不应该”等，或有语气或语调，例如：

⑧这把五人吓坏了，跟办事员讲了许多好话，说人地生疏，铺保无从找起，可否通融一下。（钱钟书：《围城》）

⑨你什么时候去把我办公室布置一下？（王朔：《无人喝彩》）

⑩我为什么不去找学校校长打听一下？（杨沫：《青春之歌》）

⑪互相介绍一下？（罗广斌、杨益言：《红岩》）

(2)运用于意愿行为句

意愿行为句，不着意于陈述事实，而是以说话人或施事者愿望或意图的表达为目的的句子。它在句子形式上常有以下标志。

第一，有直接表达意愿的动词，如“想”“打算”“愿意”“希望”“准备”“渴望”“建议”“决定”“请求”“提议”“需要”“有意”“试图”等。

①他想还是先到祁家打听一下好。（老舍：《四世同堂》）

②陈市长做了“五反”动员报告，他心里更加沉重，考虑了再三，决定找家里人来好好商量一下。（周而复：《上海的早晨》）

③“什么朋友，”刘志彬还保持着镇定，甚至试图笑一下以示无所谓……（王朔：《人莫予毒》）

第二，有能够表现主观愿望的能愿动词或副词，如“要”“须”“只好”“只能”“得”“会”“可以”“能”“应该”“权且”“最好”“必须”“不得不”“不妨”“还是”“无非”“总要”“应当”“且”等。

④我们得纠正一下他们的说法，说胡先生是积极帮助抗日的。（刘知侠：《铁道游击队》）

⑤这里必须解释一下，不想让人家以为我从小就惦记着谁，没敢说，最后写进小说过瘾去了。（王朔：《无知者无畏》）

⑥我且试着归纳一下，似乎是，一方认定，商业化就是亵渎，一方则说，经典须重加诠释，方能跟上时代。（公刘：《且慢经典》）

⑦秦伯仁（很不高兴她来打搅，本想不搭理她，可是，她既奉

母命而来，就非应付一下不可；站了起来）老太太干什么呢？（老舍：《秦氏三兄弟》）

第三，包含在反映说话人或施事者明确意向的句式中，如“把＋NP＋VP”“来＋VP”“给＋(NP)＋VP”“替＋(NP)＋VP”，主语一般为说话者或施事者。此外，还有“让＋(我)＋来＋VP”“容＋(我)＋VP”等。

⑧你们容我收拾一下东西行么？（杨沫：《英华之歌》）

第四，还用于一些常用来表达自身主观愿望的特殊句式中，如条件句、疑问句。例如：

⑨那为何任意从中抽出一位，我只要想一下，也都能准确回答呢？（周士渊：《知道更要做到》）

⑩我为什么不去找学校校长打听一下？（杨沫：《青春之歌》）

例 10 中，用疑问句的方式表达的是“我”的意愿：“我可以去打听一下。”

⑪老曹，我看你的面色不好，要不要我帮你检查一下？（杨沫：《芳菲之歌》）

5.3 “一下 3”语用功能分析

对于“一下”具有语用功能这一观点，很多学者都是十分认同的。刘月华在《动量词“下”与动词重叠比较》中指出，“一下”是一种委婉地表达祈使和主观愿望的手段，有缓和语气的作用。[①] 朱丽萍在《“V一下”格式研究》中指出：“V＋一下”的最基本的语法意义表示减量。具体来说，它包括动量小、时量短两类，而且动量小和时量短常常结

① 参见刘月华：《动量词“下”与动词重叠比较》，载《汉语学习》1983 年第 6 期。

合在一起。"V＋一下"通过从主观上缩短动作的时量或减弱动作的动量,从而使句子的语气舒缓,达到委婉表达主观愿望的目的。[①] 福井启子曾做过一项问卷调查:从《永不放弃》中找出所有含有"少量义"表达的句子,包括动词重叠、谓词＋"一下"、谓词＋"一点儿"、谓词＋"一些"、谓词＋其他动量词、谓词＋"一会儿"等 6 种结构,调查它们是否含有敬意。从数据来看,谓词＋"一下"总例 204 个,有敬意的 197 个,没有敬意的 7 个,有敬意的占 97%,是 6 种被调查结构中比例最高的,且无敬意的 7 例都是表达实际数量。由此看来,"V＋一下"结构与表达敬意的句子之间存在着密不可分的关系。[②] 卢福波等经过考察指出,"(请)＋V""(请)＋V＋一下""(请)＋V＋V"3 种形式所蕴涵的语用含义是各有侧重的,其语的、语力和语后之效都各自形成一个由强至弱的序列:"(请)＋V"＞"(请)＋V＋一下"＞"(请)＋V＋V"。使用"(请)＋V＋一下"的句子既表现一定量的限定,又不具有那么强的规定性质,语气舒缓,易于被对方接受。[③]

"一下 3"到底具有何种语用功能呢?我们认为"一下 2"由短时义衍生出主观短时义,这是其在实际使用中获得各种语用功能的基础。"V＋一下 3"相对于单用的光杆动词"V"来说,除了具有指称动作的功能之外,还附加了短时义,且凸显的是言者视角中的主观化语义。为动作、行为、事件主观减量,将其特意往小里说是"一下 3"言谈功能的具体体现。"一下 3"在言语行为表达上就起到了"缓和语气,礼貌施为"的效果。一言以蔽之,在语言交际中体现礼貌原则是"一下 3"最根本的语用功能。

关于礼貌的研究有诸多理论。英国学者布朗(Brown)和莱文森(Levinson)的礼貌(Politeness)原则是研究礼貌语言的重要理论。

---

① 参见朱丽萍:《"V 一下"格式研究》,上海师范大学硕士学位论文,2007 年。

② 参见路葳葳:《"V 一下"结构语义分析》,载《白城师范学院学报》2010 年第 1 期。

③ 参见卢福波、吴莹:《请求句中"V"、"V 一下"与"VV"的语用差异》,载《语言教学与研究》2005 年第 4 期。

他们提出面子保全行为的补救策略——积极礼貌表达手段和消极礼貌表达手段。积极礼貌表达手段满足的是听话人的积极面子，表达的感情比较强烈，礼貌意图十分明显。消极礼貌表达手段满足的是听话人的消极面子[①]，它所表达的感情不像积极礼貌那么强烈，说话人往往控制自己的感情和情绪，采用一种迂回的方式表达自己的意图，是礼貌的一种表达方式。Brown 和 Levinson 提出了消极礼貌表达策略，包括：①利用规约性间接手段；②不要擅断；③不要强迫受话人；④表明发话人不想强加的愿望；⑤给受话人提供某种补偿[②]“V+一下”属于消极礼貌表达手段之一。

下面我们将结合礼貌理论的相关观点，试对不同言语行为句中“一下 3”发挥的语用功能作具体分析。

1)运用于指令行为句

我们通过替换的方法来考察指令行为句中情态标记“一下 3”的有无给语言交际带来的影响，同时结合礼貌理论作出阐释。例如：

①孔部长，我个人还有一件事要请您照顾一下呀。（张洁：《沉重的翅膀》）

孔部长，我个人还有一件事要请您照顾呀。

②方宇大概也让你们攻得昏头昏脑的了，叫他休息一下，清醒清醒头脑。（周而复：《上海的早晨》）

方宇大概也让你们攻得昏头昏脑的了，叫他休息，清醒清醒头脑。

以上例句都是表达“想让别人做什么”的指令行为句。指令行为是一种典型的面子侵袭行为。“指令言语行为中，说话者要求听话者做的事情可能并不是听话者愿意做的。指令行为在某种程度上像是

---

① 积极面子(positive face)，即希望得到对方的同意、认可或赞许。消极面子(negative face)，即不愿被对方反驳的希望。

② 参见何自然、陈新仁：《当代语用学》，外语教学与研究出版社 2004 年版，第 47～48 页。

说话者要求听话者放弃自己的一些自由来听从说话者的安排。”[①]“一下 3”的使用起到了降低要求的动量和时量的作用，从而委婉地表达指令。很多情况下，“V＋一下 3”并不表示说话者实际要求的动量和时量少了，而只是说话者为了表现“礼貌施为”目的，主观降低动作、行为、事件的量，从而达到维护人际关系的社交目的。

在上例中，例 1 是典型的祈使句，标志词为“请”。“请”本身体现着语言交际的礼貌原则。但如果去掉“一下 3”，我们体会“请您照顾”的语气，还是感觉礼貌不足，何况是请“孔部长”，具有较高的人际地位。卢福波等通过对“（请）＋V”“（请）＋V＋一下”等形式所蕴涵的语用含义进行比较，认为“（请）＋V”式表示的是动作的恒常量，没有对动作量大与小的限定，因而表明说话人明确的任务要求，即其请求目的是明确地要听话人完成这个动作，具有较强的任务确定性，语力很强，语效期望值也高，具有一定的不可抗拒性。相比而言，“（请）＋V＋一下”是说话人希望听话人完成一个量不大、有一定模糊度的动作，正因为有了这样一个小量的刻画，任务的确定性和相对强加性就比“（请）＋V”减弱了不少。说话人选用“一下”这个不大的量，意在向听话人传递这样一种信息：请你做的事不会给你造成太多的麻烦，你甚至可以对动作量作一定处理，比如过程完整与否、时间长短与否等。[②] 这符合礼貌理论中“减小对对方的强加”的原则。Brown 和 Levinson 将“减小对对方的强加”（Minimize the imposition）解释为减轻对方的负担或者把对对方的压力降到最低限度，其中包括请求别人时，减少自己给别人带来的麻烦。

例 2 是致使句，对比句中仅说“让他休息”，带有一种命令的口吻，意思是“他”必须按照说话人的指令去做，否则可能有不好的后果。对比句没有“一下 3”对时量和动量的限定，是“从明确的恒常量

① 蒋湘平：《对“V 一下 2”格式的语用考察》，载《汉语学习》2012 年第 4 期。

② 参见卢福波、吴莹：《请求句中“V”、“V 一下”与“VV”的语用差异》，载《语言教学与研究》2005 年第 4 期。

而不是相对的模糊量来看，说话人没有给予听话人量的选择余地，这意味着听话人有待完成的任务没有可商量、可选择的余地，也就是说没有自主做量的大与小或做与不做的选择处理”①。使用动词基式与以动词加“一下 3”的句子相比较，在语气表达上有强硬和委婉之分。

2)运用于意愿行为句

我们同样通过替换的方法举例来考察意愿行为句中情态标记“一下 3”的有无给语言交际带来的影响，同时结合礼貌理论作出阐释。例如：

> 这里必须解释一下，不想让人家以为我从小就惦记着谁，没敢说，最后写进小说过瘾去了。（王朔：《无知者无畏》）
>
> 这里必须解释，不想让人家以为我从小就惦记着谁，没敢说，最后写进小说过瘾去了。

以上例句都是表达说话人自身愿望的意愿行为句，情态标记的使用礼貌而委婉地表达出说话人的目的。如果去掉“一下”，“必须解释”则显得态度极其强硬。反之，加上“一下”后明显感到语气的缓和和态度的弱化，适时地调整了说话人的语气，更能达到礼貌表达主观愿望的目的。

从礼貌语言的理论来看，这体现了“减小对对方的强加”以表示礼貌的原则。例 1 中，“解释”本身在时量上来看客观上是可长可短的，“解释一下”则可以从主观上减少咨询的时间，意为“自己不会占用对方太长时间”；从动量上来看，“解释一下”将动量往小里说，意为问题不会太麻烦，不会给对方造成太大压力，对方可轻松应对。因此，“一下 3”的使用使“解释”从关照对方的角度出发，不给对方增加心理负担，以缓和语气，表示减少自己行为的量，降低其价值。这样

① 卢福波、吴莹：《请求句中“V”、“V 一下”与“VV”的语用差异》，载《语言教学与研究》2005 年第 4 期。

能给对方情感上的照顾，更体贴地关照人的心理感受，这种表达更直接地发自内心，表达的感情更深，从而体现出礼貌原则。[①]

3)运用于其他言语行为句

在断言行为句中，动作实际上花费的时量和动量可能并不短，而说话者一般还是会用“一下3”，实际的“多量”和语言表达中往“少量”的处理就是其语用功能的体现。例如：

①我考虑了一下，想让你和德顺老汉去，不知你愿意不愿意？(路遥：《人生》)(陈述行为)

②柳明被妈妈娇惯，从来对妈说话，都爱带刺儿，“前线打仗那么紧，我是个中国青年，中国学生，人家有的都当兵打日本去了；我不过去卢沟桥附近——干脆说吧，多半在姥姥家照顾一下伤号，瞧你们这急的！”(杨沫：《芳菲之歌》)(判断行为)

③郑子云不是提出批评，他只是信口比较一下。(张洁：《沉重的翅膀》)(判断行为)

在例1和例2中，“考虑”“照顾伤号”一般都不是很随意、用时很短的行为，但说话人特意用“V＋一下3”缩短动量和时量，这样就淡化了这种行为的性质。因为“一下3”的使用表现出说话人对命题内容的主观评价，故意往小里说就是说话者想表明或强调，在他看来这个动作、行为、事件并不是那么严肃、正式、重要，而只是一种随意、轻松或者无关紧要的行为。例1中说话人说自己只是“考虑了一下”，一方面使听话人不至于很紧张，从而能比较放松地继续听取说话人考虑的结果，另一方面，说话人也在试图降低自己的努力程度，以便降低自己承担的责任。

例2中柳明说自己“不过是去卢沟桥附近”，“在姥姥家照顾一下伤号”，将“照顾伤号”一事往轻里说，以表示不是那么危险的事情，这样就起到了不让妈妈担心、着急，避免与母亲冲突，以便比较容易地

①　参见路葳葳：《“V一下”结构语义分析》，载《白城师范学院学报》2010年第1期。

得到母亲同意的语用功能。

例 3 是将施事者的行为尽量往小里说，表示郑子云的言辞不是非常严正的批评，仅是信口比较而已，这样就起到了弱化行为性质的作用。

在表承诺的表态行为句中，“一下 2”的使用表示承诺量的降低。例如：

④我会给你好好地布置一下，不教一个新闻记者知道，把饭开到屋里来！（老舍：《西望长安》）

⑤我给几个同学和我的一些朋友打了电话，让他们帮忙安排一下你的工作。（王朔：《刘慧芳》）

承诺行为的内容是说话者表示为了听话者的利益可以去做某事，例 1 表示说话人为听话人“好好布置”，例 2 表示说话人为听话人找人安排工作。如果说话者做了这件事就应该是帮了听话者的忙。

情态标记“一下 3”的使用起到两种作用：第一，即使在实际行动中说话者可能会最大限度地提供帮助，但在承诺中尽量降低自己所提供的帮助的价值，从而来表示礼貌。这样说是为了使听话者感到并没有欠说话者很多人情，这符合礼貌理论。Brown 和 Levinson 指出，向别人提供帮助时，通过减少帮助动作的量，降低自己所提供帮助的价值，减小对对方的强加，可以减轻对方的心理负担，尽可能使对方顺利地接受自己的帮助。第二，用“一下 3”后，说话者可以向听话者传递他对自己能力的一种谦虚谨慎的评价，也可以向听话者表明他对自己能不能完全做好某事没有确定的把握，从而在一定程度上避免将来可能发生的食言的尴尬。

在“责备”言语行为中，“一下 3”的作用也十分明显，它的使用就是为了降低对听话者面子的侵袭程度。例如：

⑥这是件大事，你怎么不跟我商量一下就自作决定呢！（杨沫：《芳菲之歌》）（表态行为）

在这个例子中，说话人责备听话者没有跟他商量就自作决定。

这一行为必然是一种典型的面子侵袭行为，会使听话人难堪。“一下3”就降低了听话者错误行为的程度，从而尽量地维护了听话者的面子。

本章对现代汉语中短时义“一下2”进一步语法化为情态标记“一下3”的情况作探讨。首先探察“一下”在语义表达上由命题功能向言谈功能的转变，这是其由短时体标记发展为情态标记的主要表现。作为时间系统标记的“一下2”正在向情态系统标记“一下3”渗透，短时义“一下2”在语义主观化的过程中演变为语义性逐渐减弱、功能性逐渐增强的功能词，现代汉语中已经衍生出了一个“一下3”，它对言语行为的表达起到了“缓和语气，礼貌施为”的效果。语用功能的增加是补位“一下”进一步语法化的表现。其次，本章从谓词性搭配项和所处的言语行为句的类型使用入手，考察“一下3”在现代汉语中的典型分布情况。研究发现，表达指令言语行为和意愿言语行为为主的虚拟句是使用“一下3”的典型的语言环境。最后，在以上研究的基础上，本章探讨了情态标记在不同类型言语行为句中的语用功能。

第6章　“一下”的语法化程度判定及动因考察

6.1　“一下”语法化程度的判定

“语法化程度是共时语法化研究中常常用到的一个概念，指的是在一个语言的共时平面上不同的语法范畴之间往往具有语法化程度的高低，而这种差别可以通过若干参数加以测定。”[①]对于同一个语言单位来说，它同样存在着语法化程度的差异。语法化是一个渐进的过程，历时演变的进程及结果在共时层面上表现出不同的形态、语音、语义和语用特征。

根据上文我们对现代汉语补位“一下”结构语义特征和句法功能的分析，“一下”的语法化过程涉及了四个相关内容：语义虚化、搭配扩展、去范畴化和语音弱化。补位“一下”语法化程度的判定主要可以依据这四项参数。

6.1.1　语义虚化

语法化当然涉及意义的变化。语法化的词必然比源词语抽象，也就是说语法化过程中要有部分语义脱落，即美国语言学家塔尔米·吉翁(Talmy Givón)所讲的“漂白”(bleaching)或美国语言学家

---

① 吴福祥：《语法化与汉语历史语法研究》，安徽教育出版社2004年版，第94页。

拜比(Bybee)和帕柳卡(Pagliuca)所说的语义“弱化”(weakening)。然而德国语言学家海涅(Heine)等明确指出,语法化过程中不仅有语义脱落,也有语义的增加。这个新增加的意义是语用意义,它来自语境产生的重新解释(context-induced reinterpretation)。语法化程度可以被简单地理解为一个语言成分意义的抽象化和主观化程度,抽象意义的语法化程度高于具体意义,主观意义的语法化程度高于客观的抽象意义,即:具体意义>抽象意义>主观意义。

我们从补位“一下”的语义演变的轨迹中可以探析语法化在语义上所表现的由具体到抽象、由客观到主观的发展规律。“然而,句法结构的语法化,虽然也是不断地从一种结构关系朝另一种更虚化的结构关系演变,但由于滞后效应的存在,经常会出现表层形式不变、深层关系已经转变的情况……由于新用法形成旧用法一般不会消亡,所以各词的句法功能和结构关系呈现出阶梯形分布。”[①]在现代汉语中,补位“一下”即存在着这种共时变异现象。补位“一下”从没有捆绑为一个语言单位的表示动作行为次数的“一下 1”演变为“一下 2”。“一下 2”可以陈述客观的短时义,也可以通过改变动作的时间属性,赋予动作主观的短时量。当短时义的主观性增强,言谈功能凸显时,“一下 2”衍生为体现礼貌原则的情态标记“一下 3”,主观性强的虚拟句语境是其典型分布环境。

可见,“一下”在现代汉语中除依然具有具体的计次义之外,同时还具有多种非计数语义特征,既有抽象意义,也有主观意义,语法化程度不同。语义虚化程度可以作为判断补位“一下”语法化程度差异的一个重要参数。当然我们也看到,“许多语法单位之间存在着连续统一体,统一体内各元素的性质处于渐变状态,语法在某种程度上是一个不明确的体系,不同的范畴或结构之间往往缺乏明确的界

① 张谊生:《语法化现象在不同层面中的句法表现》,载《语文研究》2010 年第 4 期。

限"[①]。对补位"一下"来说，除具有计次义、短时义、主观短时义并存的情况之外，还有"一下 1"兼有短时义、"一下 2"既能解释为短时体标记又能解释为情态标记的情况。

6.1.2 搭配扩展

语法化项从实词性成分到虚词性成分的演变是一个语义不断泛化(generalize)的过程，其结果必然是扩展，即能够与之相结合的成分类型越来越多。这种扩展现象极为普遍，很多论著中都有详细描述，如海涅和德国语言学家库特夫(Kuteva)指出的，语法化项在窄化和丢失特征的同时，也获得某些特征，即发生环境扩展的现象。[②]"一下"的语义多样性特征源于语义虚化和泛化，这使其具有较强的语义适宜性，表现为搭配能力的增强。

对于"一下"来说，其虚化语义跟较具体的意义比较而言，使用范围会变广泛，分布会更广，使用频率会变得更高，这体现出语法化的单向性原则。在前文中，我们对"一下 1"和"一下 2"谓词性搭配项的使用情况作过具体的统计、分析与比较。击打类动词搭配项是由古代汉语延续而来的，是"一下"的原型搭配项，多为表示瞬时持续的双界动词，包括击打类动词、与击打类有关的动词、身体动作动词及物体运动动词等，均具有瞬时持续性，具有可离散性和反复性，是计次义"一下"的典型搭配项。这些动词均语义具体，局限于具体的动作对象。随着一般的动作动词、状态动词等语义抽象的搭配项进入"V＋一下"格式，"一下"的语义悄然发生着改变，由具体的计次义衍生出抽象的短时义。当搭配项由具有持续语义的双界动词进一步扩展至具有非持续义的非双界动词，进而扩展至部分形容词、名词时，"一下"的主观情态意义愈发凸显。从统计中我们可以很明显地看出，

① 侯孟青：《语言渐变现象的研究——从语法梯度理论到语法化理论》，载《天津外国语学院学报》2002 年第 2 期。

② 参见彭睿：《语法化"扩展"效应及相关理论问题》，载《汉语学报》2009 年第 1 期。

“一下 2”在谓词性搭配项的搭配项数、搭配频次、语义范畴类别、界性类别、音节数量及构成方式上都明显高于“一下 1”。搭配项的不同、搭配范围的宽窄,即搭配扩展的程度可以用来判断其语义虚化的程度。

从“一下”称量对象的扩展来看,它的发展方向表现出一种单向性。“一下”的称量对象由具体对象向抽象对象发展,由单一走向多元,而没有出现相反的情况,即没有出现早期称量对象是抽象对象,后由称量抽象对象向称量具体对象扩展的情况。随着“一下”的语法化,可与之搭配的动词也越来越多,其虚化程度也越来越高,所表现出来的词汇义越来越少,它已经突破了计量单位功能意义,有了虚化的语义及主观意义。①

6.1.3 去范畴化

语言学的范畴或基于形式,或基于意义,都有一个原型结构。去范畴化是指实词在成为一个语法成分的过程中失去原有的词法和句法特性,逐渐脱离原来的范畴,而拥有新的词法和句法特征,进入虚词的范畴。刘正光把去范畴化定义为在一定的条件下范畴成员逐渐失去范畴特征的过程。② 去范畴化具有以下特征:在语义上,语义抽象与泛化是前提;在句法形态上,范畴的某些典型分布特征消失,范畴之间的对立中性化;在语篇和信息组织上,发生横功能扩展或转移;在范畴属性上,或由高范畴属性成员转变为低范畴属性成员,或发生范畴转移。③

语法化即研究一个词汇成分由实词虚化为意义虚无的语法成分,或者由一个意义空灵的语法成分进一步语法化为虚化程度更高

---

① 参见惠红军:《汉语量词研究》,四川大学博士学位论文,2009 年。

② 参见刘正光:《语言非范畴化——语言范畴化理论的重要组成部分》,上海外语教育出版社 2006 年版,第 61 页。

③ 参见刘正光:《语言非范畴化——语言范畴化理论的重要组成部分》,上海外语教育出版社 2006 年版,第 64 页。

的功能成分，如表示时、体、态等功能的成分，即从实变虚，或从虚变更虚。补位“一下”在去范畴化的程度上不尽相同，就造成了向不同的新范畴发展的特点。

补位“一下”的意义最初是由词组的组成成分“一”和“下”简单相加，然后转义为“一次”，结构仍然是数量短语。而后数量词组凝固，产生了短时义。“一下”固定成词之后，成为短时体标记。语义的主观化使其语用语义得以凸显，使其成为专门表示礼貌原则的情态标记，因而表现出助词的特征，这反映了语法化程度的进一步加深。语流的影响使得“一下”出现了吞音和合音的现象。这表现为可以没有“一”，变为“V＋下”格式。此时“下”就虚化成了助词，依然是短时体。

深层的动荡势必在表层有所体现，二者相呼应，推动并完善了“一下”的语法化进程。“一下 1”和“一下 2”在句法结构上的表现有很大不同，这表现在使用数词的范围逐渐收缩；“一下”与谓词性中心词结合的紧密程度有变化，黏着性增强；述谓性上有变化，“一下”由表达命题功能转变为表达言谈功能，等等。可见，在语义泛化的同时，词语的语法功能也相应泛化，拥有更为广泛的形态和句法功能。

6.1.4 语音弱化

词语的虚化主要体现在语义和语法层面上，但有时也会涉及语音层面。新的语法形式由原来的结构虚化而来，它在特定的结构、特定的情况下常会出现声音上的弱化，甚至脱落，从而留下语音上的痕迹，这即是语法化往往伴随的语音的“销蚀”(erosion)。江蓝生以“V＋X＋NL”(V：动词；X：介词；NL：处所名词)句式中处所补语介词为例，依据近代汉语文献和现代汉语的方言读音探讨了音变与语法化程度之间的对应关系，成功地证明了作为分析—孤立型语言的汉语也存在着“语法词—词缀—零形式”的演化。[①] 又如，孟琮发现，“得了”在句子中读重音，表示条件和结果的关系；而“得了”在句子中读轻音时，则其本身没有什么概念意义，“主要作用应是语气方面的作用，表示一种建议、请求、决定的语气，有商量的意味”[②]。“好了”“算了”“完了”“对了”“罢了”“行了”等也都有轻重两种读音。

当一个成分在结构中变得越来越不重要时，它就会不断虚化，发展到极端时会变为一个零形式，从结构中消失，它的语音形式也相应地越来越弱化、简化、含糊化，以至逐渐消失。但音变不是在语音层面孤立地发生的，它跟语义层面和语法层面具有连锁反应关系。意义发生虚化的同时也要求形式有相应的改变。语音结构中的每一个变化，原则上总是与语义上的变化相对应的。对“一下”来说，从“一＋下”到“一下 1”再到“一下 2”，最后发展成省略“一”的“下”的变化过程，体现了从“重视”到“轻视”再到“忽视”的次第变化过程。

6.2 “一下”语法化的动因与机制

本书对于现代汉语补位“一下”语法化的研究除了利用共时系统语料对其语义、句法和结构分布进行描写和分析，帮助人们了解其发展脉络之外，还尝试从共时的角度对语法化现象出现的动因作出分析。语法化作为语言演变的现象之一，是实词获得语法意义和语法功能的单向发展过程。语法化演变是一个包含语音、语义、句法和语用等多个层面的变化的系统工程，促使这一演变生成的动因是多方面的，其演化机制主要有对语言结构的重新分析和类推、语义认知中的隐喻和转喻、语言使用的主观化等。对汉语来讲，句法结构、句法环境也是语法化形成和产生的重要因素。下面拟从使用频率、认知

---

① 参见江蓝生：《语法化程度的语音表现》，载吴福祥主编：《汉语语法化研究》，商务印书馆 2005 年版，第 90～100 页。

② 汤晓玲：《“算了”的词汇化过程考察》，华中师范大学硕士学位论文，2008 年。

因素、语言内部因素和语义的主观化等四个角度来谈补位“一下”语法化的动因和机制问题。

6.2.1 使用频率

一个词语的使用频率与其语法化程度有着密切的关系。高使用频率是语法化的一个重要动因。在语法化研究中,使用频率已成为判断一个词在其共时平面的使用中是否具有主流地位,是否具有语法化潜在可能的标准之一。

本研究对“次”等13个现代汉语专用动量词在母本语料库中出现的频次进行了统计,从而观察“下”作为专用动量词在现代汉语,特别是在专用动量词中的地位。统计情况如表6-1所示。

表6-1　语料库中专用动量词使用情况

检索词	动量词用法频次	在相关词语内部的频率(%)	在总样本内的频率(%)
次	31513	36.35	0.122540
下	20234	23.34	0.078681
阵	9370	10.81	0.036436
场	5778	6.66	0.022468
回	5045	5.82	0.019618
遍	3471	4.00	0.013497
番	3340	3.85	0.012988
顿	2722	3.14	0.010585
把	2392	2.76	0.009301
趟	1654	1.91	0.006432
通	531	0.61	0.002065
气	417	0.48	0.001622
遭	233	0.27	0.000906
总计	86700	100	0.337137

表 6-1 信息说明：

(1)表 6-1 根据现代汉语动量词在母本语料库中出现的总频次按降序排列。

(2)“在相关词语内部的频率”是指各动量词的频次在 13 个现代汉语动量词总使用频次中所占的比重。母本语料库中专用动量词的总频次为 86700 次。该项反映出每个专用动量词在现代汉语专用动量词中的使用情况。

(3)本统计所使用的母本语料库的总词次为 25716523 次，“在总样本内的频率”是指各动量词的频次与总词次之比。这能够反映出专用动量词在现代汉语词汇中所处的地位。

从以上统计数据可以看出，在母本语料库中，使用频次排前两位的专用动量词是“次”“下”。其中，“次”的使用频率最高，在 4059.3 万字的语料中“次”共出现 31513 次，约占 13 个专用动量词使用总频次的 36.35%。与之语义上最为相近的“回”的使用频次则不太高，所占比例仅为 5.82%。据刘街生对近 3000 个专用动量词用例的统计考察，动量词“次”的出现频率占了 40%，“回”则约占总用例的 6% 多一点。[①] 本次统计的结果应该说与刘街生的研究结果相似。这证明了在现代汉语中“次”是使用频次最高的动量词，其也被称为“无色动量词”。“回”在语义上也相当单纯，与“次”最为相似，但使用频次不太高，这主要是因为它以用于口语语料为主，限制了它的使用范围。

“下”的频次为 20234 次，占总频次的 23.34%。高的使用频率必然带来搭配上的扩展，进而在虚化的可能性上增强。相比较而言，其他专用动量词的使用频率远低于“次”和“下”，它们在与谓词性成分的搭配上依然具有一定的局限性。如在现代汉语中，“顿”以称量饮食动作或责打类动作行为次数为主。“场”着重于事情发生的场合、场地。某些事情在特定的场合、场地发生一次称为“一场”，其适

① 参见刘街生：《现代汉语动量词的语义特征分析》，载《语言研究》2003 年第 2 期。

用的对象都能体现特定的场合、场地。“遍”具有普遍性特征。“趟”“遭”是空间动量词，它们与数词构成数量结构，在称量动作行为时，具有表示在一定空间里移动或进行的动作的次数的语义特征，往往强调“一去一来”这个过程，即说话时强调动作完成后又恢复到原处所。因此，很多动量词结构主要还是用于称量动作、行为、状态的次数，是动量词原始用法的体现。

可见，词汇的使用频率越高，发生虚化的可能性越大，高使用频率有助于语法化现象的发生。使用频率是动量结构发生语法化的因素之一。

6.2.2 认知因素

语言的语法化是一个心理认识的过程。在语言的发展中，人类自身对语言的理解、分析等认知心理活动对语言产生了重大的影响。功能主义的历时语言学家认为，语法化的认知动因主要包括隐喻(metaphor)、转喻(metonymy)等。隐喻是用一个概念来表达另一个相似的概念，是两个相似的认知范畴之间的“投射”。转喻是用一个概念来指称另一个相关的概念，是两个相关认知范畴之间的“过渡”。从认知语言角度来说，狭义语法化主要是一种隐喻过程。

认知语言学认为，人类的概念结构和语言的表达及理解受到自身认识世界的方式影响。人类的认知规律是先空间，再时间，再性状，空间、时间和性状组成一个认知的连续系统。人通常是以比较熟悉的事物来认识与之相似的较抽象的事物，也就是说，人们会以自身为认知的基本参照点，进而认识周围的事物，再进一步引申到其他抽象的概念上。[①] 海恩(B. Heine)和斯威茨尔(E. Sweetser)等从认知语言的角度开辟了语法化研究的新视角，认为语法化背后潜在一个非常具体的认知原则，即利用旧途径表达新功能的原则。通过这一

---

① 参见付宁:《语法化视角下的现代汉语单音节方位词研究》,山东大学博士学位论文,2009年。

原则，具体的概念可以用来理解、解释或描述更为抽象的概念。语法化的语义变迁是人们对客观世界的认识在不同认知域之间的转换，并构成一个由具体到抽象的序列等级：人—物—事—空间—时间—性质。上述的每一个范畴都代表一个对构筑经验极为重要的概念领域，其相互关系则是隐喻性的，即左边任何一个范畴都可用来隐喻右边的任何一个范畴并使之概念化，越往右越抽象。

专用动量词首先是一个空间概念。“动量”产生于运动，是事物运动所具有的特征。“运动”是指人类意识可察觉到的自身所发出的动作以及人类在观察客观世界时，所感知到的其他客观存在所发生的变化。因此我们说变化是运动最重要的认知特征，而这种变化首先必须依赖于空间才能存在。当人们观察动态过程时，可以观察到处于这个过程中的相关事物的空间位置发生的改变。表示动作次数的动量词结构“n＋下”(n 为自然数)反映的是事物在空间位置上发生改变的频次，“一下 1”即表示单次量。反映动作量的动量词具有空间意义，属于空间范畴。进一步从专用动量词的产生来看，专用动量词一般来源于动词或处所名词。处所名词自然具有时间意义；而事物的运动离不开空间，表示事物运动特征的动词一般也都具有一定的空间意义。因此，专用动量短语计次义“一下”首先是属于空间范畴的。

时间范畴是重要的概念范畴，表示动作和状态相对于说话时刻的先后或同时关系。现代汉语里补位“一下”可以表示时间范畴，“一下 2”表示动作行为持续的短时量，“一下”从原有的空间意义中拓展出了时间意义。利用数量短语来表达时间概念经历了一个从空间到时间的隐喻过程。“一下”进入时间表达范畴，对现代汉语语法系统也产生了影响，主要表现是导致了“一下”内部的分化、语义转移以及自身语法功能的扩展。首先当人们的认知角度有所变化时，存在重新分析语言结构层次的趋向，比如取消分界和改变分界。对“一下 1”词汇化为“一下 2”来说，我们对其结构层次也出现重新分析的过程。其次，“一下 2”在对谓词性成分的黏着度增强、数词使用范围收缩、述谓性弱化、语音销蚀等方面都有相应的连锁反应。

评价范畴是指根据话语内容判断说话人对所说内容的主观情态,带有明显的主观色彩。现代汉语中的补位“一下”在经历“短时义”的语义虚化后,主观语义增强,言谈功能凸显,表现出说话人在说话时对动作、行为、事件的主观评价态度。补位“一下 2”在表达主观短时义时,尤其在非现实情境虚拟句中已经发展为表达礼貌的情态标记“一下 3”,发挥着委婉表达、礼貌施为的语用功能。

“一下”的意义表达从空间范畴到时间范畴到评价范畴的拓展体现了认知背景对于语言使用的影响。

6.2.3 语言内部因素

影响补位“一下”语法化的语言内部的因素涉及两个方面:重新分析和句法环境。

第一,重新分析。重新分析往往表现为语言结构内部切分方式的改变,或取消语言结构边界。同时,重新分析也可以表现为成分之间的融合,即两个或多个成分融合为一个单位成分,从而取消了结构成分之间的边界。重新分析所带来的成分之间边界的改变往往导致语义、形态、语音以及使用范围的变化。[①] 在一个句法结构范围内,短语处于最高组合层级,语序自由度大,各结构成分的语法位置不稳定,容易通过重新分析改变结构关系,从而诱使语法化的发生。[②] “一下”由数量结构词汇化为时量词,成为短时体标记,进而成为情态标记,就体现了语言成分之间的融合。

第二,句法环境。在语法化的过程中,语言单位所处的句法环境(syntactic context)起着至关重要的作用,是语法化发生的决定性条件。美国语言学家特拉格特(Traugott)提出:“每个语法化过程都是

① 参见张磊:《汉英视觉动词语法化的认知研究》,中央民族大学博士学位论文,2006 年。

② 参见李永:《汉语动词语法化研究》,山东大学博士学位论文,2004 年。

肇始于一个非常具体的句法环境。”[①]补位短时义“一下 2”可以是交际中体现礼貌原则的情态标记“一下 3”，可以较自由地用于非现实情境。我们从定量数据了解到虚拟句是“一下 3”典型的语言环境，这使其与非现实情态间建立了密切的联系。进一步说，意愿行为句、指令行为句等所代表的言语行为一定是将来发生的，其所标记的情状在说话人的想象世界中是一种新的事态，说话者就可以按自己的标尺对“量”的取值进行主观阐释，这就为“一下 2”主观缩小动量和时量提供了适宜的句法环境。当“一下 2”表达主观语义时，短时体标记就向情态标记“一下 3”渗透了。

6.2.4 语义主观化

主观化是当前探讨语法化的重要议题之一，它是语言的主观性对语言的演变产生影响的结果，它被视为语法化的一个主要演变机制和语义特征。在语法化的发展过程中，语义演变往往呈现出主观化的倾向。在日常话语交际中，说话人不仅要表达命题意义，还要表达言者意义，而后者体现了语言的主观性(subjectivity)。所谓语言的主观性，指的是说话人在说出一段话时同时表明自己对这段话的立场、态度和感情，从而在话语中留下自我的印记。如果这种主观性在语言中用明确的结构形式加以编码，或者一个语言形式经过演变而获得主观性的表达功能，则称之“主观化”(subjectivization)。[②]

特拉格特从语法化的角度对主观化作出定义：主观化指的是“意义变得越来越植根于说话人对命题内容的主观信念和态度”[③]，即语用演变过程。在人们的会话过程中，说话人总是不断把说话的目的、动机、态度和感情传递给对方。语义主观化现象在汉语语言演变中大量存在，成为语法化的重要机制和特征。其实主观化同语法化一

① 石毓智、李讷：《汉语语法化的历程》，北京大学出版社 2004 年版，第 396 页。

② 参见沈家煊：《语言的“主观性”和“主观化”》，载《外语教学与研究》2001 年第 4 期。

③ 吴福祥：《近年来语法化研究的进展》，载《外语教学与研究》2004 年第 1 期。

样，也是一个渐变的过程，从一个起初仅仅是表达客观的、具体的、词汇意义的形式和结构，通过在特定的语境中反复使用，逐渐过渡为以言者为中心的、更加抽象的主观态度。意义主观化现象的出现是人类认知和语言使用相互作用的结果，人的认知和语用推理发挥了重要的作用。从语言的主观化角度对语法化现象作动态的研究，是汉语语法化研究的最新趋势。语言主观化表现在意义从外在的描写转移到内在的评估，扩展到语篇和元语言用法以及说话人的判断内容不断介入。

从“一下 2”衍生出情态标记“一下 3”的语用功能的过程，充分体现了主观化在语义演变中的作用。因为说话人有推理(reasoning)的能力，做事情常讲为什么(即原因、目的)或者考虑怎么做(即手段、方式)。说话人常用“一下 2”表达主观上将动作、行为、事件往小里去说，从而达到一种委婉表达、礼貌施为的礼貌表达效果。可见，这种人类自身的思维、推理能力或者说主观意向，通过语言标记(如“一下”)体现了出来，否则语言标记是不会自己变化出来的。[①] 这是一种由言者视角带来的语义变化。

当临时的语用义与某种固定的句法结构形式相对应，在形式上由“自由”发展到“黏着”时，就可以说这些自我表现的成分主观化了。由“一下 2”演变而来的“一下 3”是为表达语言主观性而采取的相应的结构形式。当然，语言的主观化与其语义特征是有关系的。“一下 2”的主观化跟其本身的词义特点有着密切的关系。短时义和模糊性是“一下 2”的语义特征。正是因为“一下 2”有短时义，所以说话者可以用“一下 2”来降低自己主观愿望的量，降低对别人要求的量，表示说话者对命题内容的短时评价，从而表示礼貌。此外，“一下 2”的语义模糊性使“V＋一下 2”的某些语用功能成为可能。“一下 2”的量是模糊的，就意味着说话者对量的取值可以按自己的标尺进行主观

① 参见沈家煊、吴福祥、马贝加:《语法化与语法研究》(二)，商务印书馆 2005 年版，第 331 页。

阐释,因此说话者才能做到故意缩短时量而并不违背会话的质量原则和数量原则。“一下 2”自身模糊的短时义是其在实际使用中获得各种语用功能的基础。

实际上,补位“一下”一直处在变化之中。计次义“一下 1”的语义具体明确,是表达命题意义的成分;表示确定动量的“一下 1”虚化并衍生出了表示短时少量的“一下 2”,其语义抽象化了,既能表达客观短时意义,也能表达主观短时意义,前者依然侧重于表达话语的命题意义,而后者则侧重于传达话语的言谈功能;当“一下 2”表达客观短时的命题功能减弱,表达主观短时的言谈功能增强而使其获得比较专门的语用功能时,情态标记“一下 3”就产生了。太田辰夫认为,这一发展过程是从叙实功能退化为非叙实功能。柯里斯进一步将其概括为“时间范畴—情态范畴”的语法化模式,并伴随着主观化的过程。①

语法化即“一般所说的‘语义虚化’,西方语言学家常用‘semantic bleaching’称之,是语义淡化或语义消退的意思。现在有不少研究语法化的学者认为,从主观化的角度看,意义语义并没有完全淡化或消退,只不过是减弱了客观意义,加强了主观意义,可以认为只是语义的重新调整(realignment)而已”②。语法化程度可以被简单地理解为一个语言成分意义的抽象化和主观化程度,并认为抽象意义的语法化程度高于具体意义,主观意义的语法化程度高于客观的抽象意义,即:具体意义>抽象意义>主观意义。主观意义和情态功能产生的依据就是说话人心中的背景知识和认知模式。

以上我们从共时的角度对语法化现象出现的动因作出分析,这能够帮助我们对现代汉语中“一下”的共时语法化问题建立更深刻的认识和理解。

---

① 参见陈前瑞:《“来着”的发展和主观化》,载吴福祥主编:《汉语主观性与主观化研究》,商务印书馆 2011 年版,第 53 页。

② 张谊生:《语法化现象在不同层面中的句法表现》,载《语文研究》2010 年第 4 期。

第7章　结　论

本书以现代汉语中补位“一下”为研究对象，在真实文本语料库的支持下，从语法化角度对“一下”在共时平面上的语义、句法和功能的分布情况及特点作出定量和定性的描写，并对其衍生机制作出解释，对现代汉语本体语法化的研究具有一定的理论和方法上的贡献。

全书在综合考察现代汉语“一下”研究概貌的基础上，以“一下”的语义变迁、结构变化和功能拓展之间的连锁反应为主线描写“一下”语法化的共时表现，探讨其语法化的途径及动因。通过对“一下”共时系统变异的考察，揭示了现代汉语“一下”语义特征和语法功能上虚实不一的特征，指出共时平面上“一下”的复杂表现是由于语言的历时发展演变表现于共时平面上的变异的体现。期望能够借此促进现代汉语补位“一下”及相关问题研究的进一步深入。

下面我们谈一下本书的理论基础、研究方法、所得出的结论以及研究中存在的不足之处。

7.1　理论基础

语法化研究为语言研究提供了一个新的视角。语法化演变是一个包含语音、语义、语用和句法等多个层面变化的系统工程，无论是哪个层面的语法化，其演变结果总是体现在形式和内容两个方面。从内容上看，这种演变涉及词义的变化，主要有基本义的抽象化、泛化及主观化。从形式上看，某一个实词的词汇意义首先发生变化，变化到一定程度，又引起这个词的功能发生变化，在句法表现上呈现出若干不同特征。

在现代汉语中，补位“一下”所表现出来的多义性特征和多功能性特征正是语法化的表现，是其历时语法化演变在共时层面的体现。语法化理论关于演变形态、演变机制、共时语法化研究的方法等内容能为“一下”的语法化研究提供理论和方法指导。利用语法化理论对补位“一下”进行研究，不但能推断历史演变，而且能够更加完整地考察语言现象，使语言本体研究更具前瞻性。

7.2 研究方法

本书中主要采用了基于语料库和语言统计的定量与定性分析相结合的研究方法。语料库在更灵活生动地描述某些语法现象的语法化过程，验证及进一步探究已有语法化理论方面彰显出巨大的解释力和权威性。[①] 仅仅依靠唯理的(rational)或者内省的方法进行语法化研究，显然不能全面地反映语言事实。利用语料库语言学的方法是在数据统计的基础上进行定性研究，体现了语言研究的客观性，能够做到定量分析下的充分描写。对本书中涉及的不同研究层面上的内容，语料库及语言统计方法都提供了客观的数据依据。

7.3 研究思路及结论

7.3.1 研究的切入点

本书中对于现代汉语补位“一下”的语法化研究是从语义演变、结构变异和功能增加的连锁反应着手的。“意义和形式是同一个问

① 参见向明友:《基于语料库的英语语法化研究》，载《北京航空航天大学学报》(社会科学版)2010年第1期。

题相辅相成的两个方面，在实词的虚化过程中是互相依存、互相促进的。”[①]本书将“一下”的变异现象纳入语言系统的研究之中，摒弃对语言现象的孤立研究，以期为“一下”的多义性、多功能性勾勒出衍生脉络。

实词的语法化过程伴随着该词在语言运用中的语义延伸和新功能获得，进入语法化的词语往往具有语义的多样性、形式的多样性和功能的多重性。“一下”的组合搭配的扩展，实现了其意义的虚化、由具体意义向抽象意义的发展、由客观意义向主观意义的发展，这必然带动了句法结构形式上的相应变化。“一下”在句法地位上渐次下降，最终成为没有任何实在意义的虚词或形态标记。着眼于语言事实，考察共时层面上“一下”内部表现出来的形式、意义、功能的差异，可以更好地描写和解释其语义特征、结构形态、句法功能三者之间的关系，从而构拟出“一下”由实到虚演变的语法化链条。

7.3.2 补位“一下”的语义多样性

补位“一下”在现代汉语中一直处于演变过程中，它具有计次义、计时义和主观化意义三种语义特征。从具有计次义的“一下 1”到具有短时义的“一下 2”，“一下”的称量范围有所扩大。“一下 2”不表示计数的意义，而是以整个结构对动词的时间特征进行限定，表达短时义。“一下 2”既可以强调客观上的短时，也可以表示主观上的短时。语法化程度可以被简单地理解为一个语言成分意义的抽象化和主观化程度，并认为抽象意义的语法化程度高于具体意义，主观意义的语法化程度高于客观的抽象意义，即：具体意义＞抽象意义＞主观意义。“一下”的计次义、表时义、主观意义分别是语法化程度不同的三种语义特征。

① 张谊生：《论与汉语副词相关的虚化机制——兼论现代汉语副词的性质、分类与范围》，载吴福祥主编：《汉语语法化研究》，商务印书馆 2005 年版，第 387 页。

7.3.3 补位"一下"的句法多功能性

在现代汉语中，补位"一下"同样具有多样性句法功能。"一下1"从句法属性上看是由数词"一"和专用动量词"下"构成的数量短语。在语句中，它的计次功能是被凸显的，具有述谓性，因此应重读。"一下 2"已从数量短语词汇化为时间量词，这可从"一"的不可替换性、"下"的句法地位的降低得到证实。短时量词"一下 2"已语法化为短时体标记，这表现在意义虚化、结构黏着和语音弱化三个方面。"一下 2"的意义发生虚化，已经不具备计数的词汇意义，而是表示一个具有模糊性的短时量，整个结构起到了对动词的时间特征进行限定的作用。在结构上，"一下 2"跟它的前附成分（谓词性搭配项）的联系紧密，一般不能插入其他的成分。而且作为体标记，它描写行为动作的内部结构，即它的语义指向是其前的谓词性成分，而与其后的宾语不发生直接关系。在语音上，"一下 2"出现声音上的弱化，甚至脱落。在现代汉语中，"一下 2"既可以表达客观短时义，也可以表达主观短时义。短时义"一下 2"在语义主观化的过程中演变为语义性逐渐减弱、功能性逐渐增强的功能词，对言语行为的表达起到了缓和语气、礼貌施为的效果，可见它逐渐向情态标记渗透。可以说，现代汉语中已经衍生出了一个情态标记"一下 3"。从句法角度来看，"一下"的语法化表现在两个方面：一是从"一下 1"词汇化为"一下 2"的过程；一是从短时体标记"一下 2"语法化为情态标记"一下 3"的过程。

7.3.4 "一下"语法化的程度判定及动因考察

"一下"的语法化是一个渐进过程，其历时演变的进程及结果在共时层面上表现出不同的形态、语音、语义和语用特征，因而在"一下"内部存在着语法化程度的差异。本书中以语义虚化、搭配扩展、去范畴化以及语音弱化作为参数，考察"一下"的语法化程度。语法化发生的动因包括语法化演变发生的初始条件、促动因素，它只是语法化的可能因素，而不是必然的或绝对的因素。语言形式和意义的演变往往具有一定的理据性，受到各种不同动因的促使。本书从使用频率、认知因素、语言内部因素以及语言的主观化四个角度展开研究。

7.4 本研究存在的不足

由于作者的研究能力所限，本研究还存在以下不足之处：第一，对于现代汉语补位“一下”在语义、句法和功能方面的分析及结论尚有待于通过更大规模的历时语料库加以验证和完善。第二，由于时间和精力所限，本研究所使用的语料库加工不足，校对文本数量有限，应在后期研究中，继续校对完善，使之充分发挥共享资源的作用。第三，因情态标记“一下 3”与短时义“一下 2”存在交叉现象，本书对情态标记的定量研究不足，证据还不够充分。今后应增加口语语料库，加强“一下”作情态标记的研究。

附　录

附表 1　　文学作品语料清单

序号	时期	作家/作品名称	字符数
1	第一时期	巴金:《家》	230148
2	第一时期	巴金:《春》	266555
3	第一时期	巴金:《秋》	320144
4	第一时期	冰心:《冰心文集》(第一卷)	185756
5	第一时期	冰心:《冰心文集》(第二卷)	221207
6	第一时期	冰心:《冰心文集》(第三卷)	235365
7	第一时期	曹禺:《日出》	44733
8	第一时期	丁玲:《太阳照在桑干河上》	175565
9	第一时期	郭沫若:《凤凰涅槃》	3632
10	第一时期	郭沫若:《沫若诗词选》	6511
11	第一时期	胡适:《胡适文集》	366770
12	第一时期	老舍:《老舍短篇小说选》	179847
13	第一时期	老舍:《骆驼祥子》	134573

续表

序号	时期	作家/作品名称	字符数
14	第一时期	老舍:《四世同堂》	697712
15	第一时期	李叔同:《索性做了和尚》	75373
16	第一时期	林语堂:《京华烟云》	490288
17	第一时期	林语堂:《林语堂书话》	1067267
18	第一时期	林语堂:《朱门》	118735
19	第一时期	鲁迅:《坟》	175159
20	第一时期	鲁迅:《而已集》	96358
21	第一时期	鲁迅:《花边文学》	82201
22	第一时期	鲁迅:《鲁迅散文集》	104724
23	第一时期	鲁迅:《三闲集》	93472
24	第一时期	鲁迅:《南腔北调集》	109861
25	第一时期	茅盾:《林家铺子》	22729
26	第一时期	钱钟书:《围城》	212342
27	第一时期	沈从文:《大山里的人生》	175068
28	第一时期	沈从文:《沈从文小说集》	227716
29	第一时期	许地山:《许地山文集》	512825
30	第一时期	张恨水:《金粉世家》	899129
31	第一时期	张恨水:《啼笑姻缘》	225192
32	第一时期	赵树理:《李家庄的变迁》	79842
33	第一时期	赵树理:《李有才板话》	5613
34	第一时期	赵树理:《小二黑结婚》	9461
35	第一时期	周立波:《暴风骤雨》	247129
36	第一时期	朱自清:《朱自清散文全编》	373815
37	第二时期	杜鹏程:《保卫延安》	222403
38	第二时期	冯德英:《迎春花》	313091

续表

序号	时期	作家/作品名称	字符数
39	第二时期	老舍:《荷珠配》	22212
40	第二时期	老舍:《面子问题》	34566
41	第二时期	老舍:《女店长》	34932
42	第二时期	老舍:《西望长安》	41234
43	第二时期	老舍:《宝船》	16137
44	第二时期	老舍:《残雾》	51868
45	第二时期	老舍:《茶馆》	31754
46	第二时期	老舍:《春华秋实》	36213
47	第二时期	老舍:《大地龙蛇》	34334
48	第二时期	老舍:《方珍珠》	40564
49	第二时期	老舍:《归去来兮》	37637
50	第二时期	老舍:《火车上的威风》	3697
51	第二时期	老舍:《柳树井》	11064
52	第二时期	老舍:《龙须沟》	32028
53	第二时期	老舍:《秦氏三兄弟》	42541
54	第二时期	老舍:《全家福》	28978
55	第二时期	老舍:《谁先到了重庆》	35379
56	第二时期	老舍:《张自忠》	38430
57	第二时期	老舍:《神拳》	31161
58	第二时期	老舍:《老舍自传》	164788
59	第二时期	梁斌:《红旗谱》	293395
60	第二时期	刘知侠:《铁道游击队》	348037
61	第二时期	柳青:《创业史》	13685
62	第二时期	罗广斌、杨益言:《红岩》	327213
63	第二时期	曲波:《林海雪原》	272978

续表

序号	时期	作家/作品名称	字符数
64	第二时期	王蒙:《青春万岁》	290
65	第二时期	王蒙:《组织部新来的年轻人》	22774
66	第二时期	魏巍:《地球的红飘带》	367649
67	第二时期	魏巍:《东方》	637031
68	第二时期	吴强:《红日》	291190
69	第二时期	杨沫:《芳菲之歌》	367507
70	第二时期	杨沫:《青春之歌》	312057
71	第二时期	杨沫:《英华之歌》	351679
72	第二时期	姚雪垠:《李自成》	2825394
73	第二时期	周而复:《上海的早晨》	471838
74	第二时期	周而复:《往事回首录》	98487
75	第三时期	戴厚英:《人啊,人!》	206119
76	第三时期	古华:《芙蓉镇》	145777
77	第三时期	霍达:《穆斯林的葬礼》	442617
78	第三时期	贾平凹:《腊月·正月》	65101
79	第三时期	贾平凹:《朋友》	74257
80	第三时期	金庸:《射雕英雄传》	918308
81	第三时期	李国文:《冬天里的春天》	497001
82	第三时期	李凖:《黄河东流去》	452582
83	第三时期	梁晓声:《疲惫的人》	86637
84	第三时期	梁晓声:《父亲》	18449
85	第三时期	梁晓声:《母亲》	22308
86	第三时期	梁晓声:《这是一片神奇的土地》	1205
87	第三时期	梁晓声:《钳工王》	27850

续表

序号	时期	作家/作品名称	字符数
88	第三时期	梁晓声:《感觉日本》	34737
89	第三时期	梁晓声:《一个红卫兵的自白》	41121
90	第三时期	梁晓声:《冉之父》	54801
91	第三时期	梁晓声:《京华见闻录》	203805
92	第三时期	梁羽生:《白发魔女传》	403393
93	第三时期	刘白羽:《第二个太阳》	255545
94	第三时期	刘心武:《钟鼓楼》	267334
95	第三时期	卢新华:《伤痕》	7760
96	第三时期	路遥:《平凡的世界》	793882
97	第三时期	路遥:《人生》	110158
98	第三时期	莫言:《红高粱》	49222
99	第三时期	莫应丰:《将军吟》	380628
100	第三时期	邵燕祥:《我的心在乌云的上面》	84607
101	第三时期	王朔:《浮出海面》	54528
102	第三时期	王朔:《千万别把我当人》	106347
103	第三时期	王朔:《人莫予毒》	57449
104	第三时期	王朔:《一半是火焰,一半是海水》	47950
105	第三时期	王朔:《一点正经没有》	46600
106	第三时期	徐兴业:《金瓯缺》	837505
107	第三时期	张承志:《北方的河》	63952
108	第三时期	张洁:《沉重的翅膀》	212923
109	第三时期	张贤亮:《绿化树》	106731
110	第三时期	张贤亮:《男人的一半是女人》	127166
111	第三时期	张正隆:《雪白血红》	369504
112	第四时期	阿来:《尘埃落定》	241199

续表

序号	时期	作家/作品名称	字符数
113	第四时期	蔡智恒:《雨衣》	35474
114	第四时期	陈建功、赵大年:《皇城根》	317912
115	第四时期	陈忠实:《白鹿原》	485744
116	第四时期	池莉:《来来往往》	62374
117	第四时期	池莉:《你是一条河》	46358
118	第四时期	池莉:《云破处》	32464
119	第四时期	当年明月:《明朝那些事儿》	1631609
120	第四时期	董桥:《董桥文字集》	19564
121	第四时期	季羡林:《牛棚杂忆》	147963
122	第四时期	贾平凹:《废都》	373150
123	第四时期	林清玄:《林清玄散文集》	218701
124	第四时期	刘墉:《超越自己》	50750
125	第四时期	刘墉:《创造自己》	48518
126	第四时期	刘墉:《肯定自己》	49523
127	第四时期	莫言:《丰乳肥臀》	204870
128	第四时期	史铁生:《我与地坛》	13069
129	第四时期	苏童:《离婚指南》	29228
130	第四时期	苏童:《末代爱情》	167242
131	第四时期	王朔:《动物凶猛》	52180
132	第四时期	王朔:《过把瘾就死》	59466
133	第四时期	王朔:《刘慧芳》	31624
134	第四时期	王朔:《我是你爸爸》	153008
135	第四时期	王朔:《无人喝彩》	51400
136	第四时期	王小波:《沉默的大多数》	62808
137	第四时期	余华:《活着》	86252

续表

序号	时期	作家/作品名称	字符数
138	第四时期	余秋雨:《山居笔记》	62574
139	第四时期	余秋雨:《文化苦旅》	184528
140	第四时期	张小娴:《张小娴散文集》	240980
141	第四时期	周国平:《周国平自选集》	389585
142	第四时期	《作家文摘》(1997 年)	2992848
143	第五时期	安妮宝贝:《彼岸花》	8309
144	第五时期	安妮宝贝:《春宴》	310398
145	第五时期	安妮宝贝:《告别薇安》	29159
146	第五时期	安妮宝贝:《清醒纪》	12125
147	第五时期	安妮宝贝:《月》	6172
148	第五时期	毕淑敏:《拯救乳房》	155747
149	第五时期	沈世豪:《陈景润》	104813
150	第五时期	陈旸:《坐着火车去西藏》	50927
151	第五时期	陈纸:《高雅颂》	15891
152	第五时期	陈纸:《理发师》	7545
153	第五时期	陈纸:《你在哪里下车》	8683
154	第五时期	池莉:《来吧孩子》	60098
155	第五时期	池莉:《所以》	68151
156	第五时期	葛水平:《喊山》	30607
157	第五时期	《故事会》(2005 年)	250920
158	第五时期	韩寒:《韩寒五年文集》	358019
159	第五时期	韩祖政:《那一年》	191012
160	第五时期	贾平凹:《秦腔》	430152
161	第五时期	刘墉:《点一盏心灯》	83266
162	第五时期	柳建伟:《英雄时代》	81305

续表

序号	时期	作家/作品名称	字符数
163	第五时期	宁财神:《浆糊·爱》	404019
164	第五时期	宁财神:《西城旧事》	16352
165	第五时期	宁财神:《爱我,就请臊着我》	11269
166	第五时期	宁财神:《红砖记》	35430
167	第五时期	宁财神:《电影〈网事如烟〉拍摄散记》	4064
168	第五时期	宁财神:《西游记外传之寻找猪二》	11139
169	第五时期	宁财神:《老皮发烧》	54944
170	第五时期	宁财神:《达摩祖师》	10726
171	第五时期	宁财神:《网络鬼故事》	27217
172	第五时期	彭三源:《半路夫妻》	315553
173	第五时期	苏童:《碧奴》	80327
174	第五时期	苏童:《河岸》	193449
175	第五时期	孙春平:《怕羞的木头》	27197
176	第五时期	王安忆:《长恨歌》	266338
177	第五时期	王朔:《我的千岁寒》	196103
178	第五时期	王朔:《无知者无畏》	115828
179	第五时期	王朔:《新狂人日记》	49369
180	第五时期	王旭烽:《茶人三部曲》	1027218
181	第五时期	唯阿:《穿裤子的云》	175134
182	第五时期	熊召政:《张居正》	272372
183	第五时期	杨少衡:《林老板的枪》	33823
184	第五时期	余秋雨:《借我一生》	115974
185	第五时期	徐贵祥:《历史的天空》	381906
186	第五时期	张洁:《无字》	618401
187	第五时期	张平:《抉择》	359097

续表

序号	时期	作家/作品名称	字符数
188	第五时期	周大新:《湖光山色》	232154
189	第五时期	张平:《抉择》	359097
190	第五时期	周大新:《湖光山色》	232154
191	第五时期	周士渊:《知道更要做到》	62076
192	第五时期	宗璞:《东藏记》	234304
合计			40592938

附表 2　　“一下 1”动词搭配项降频词

序号	搭配项[①]	词性[②]	频次[③]	频率[④](%)	序号	搭配项	词性	频次	频率(%)
1	拍	v	190	1.428894	15	亲	v	48	0.360984
2	动 1	v	171	1.286004	16	握	v	46	0.345943
3	停顿	v	99	0.744529	17	点	v	44	0.330902
4	打	v	81	0.609160	18	撞	v	41	0.308340
5	碰	v	81	0.609160	19	晃	v	39	0.293299
6	跳	v	81	0.609160	20	翻	v	38	0.285779
7	拉	v	69	0.518914	21	抖	v	36	0.270738
8	摸 1	v	61	0.458750	22	提	v	36	0.270738
9	敲	v	57	0.428668	23	亮	v	35	0.263217
10	吻	v	57	0.428668	24	转	v	35	0.263217
11	挥	v	56	0.421148	25	响	v	33	0.248176
12	闪	v	51	0.383545	26	指	v	33	0.248176
13	皱	v	51	0.383545	27	扑	v	32	0.240656
14	推	v	49	0.368504	28	刷	v	32	0.240656

续表

序号	搭配项	词性	频次	频率(%)	序号	搭配项	词性	频次	频率(%)
29	倒	v	30	0.225615	51	舔	v	20	0.150410
30	绊	v	29	0.218094	52	移动	v	20	0.150410
31	哆嗦	v	29	0.218094	53	抽	v	19	0.142889
32	捏	v	29	0.218094	54	戳	v	19	0.142889
33	眨	v	29	0.218094	55	颤	v	18	0.135369
34	擦	v	27	0.203053	56	抚摸	v	18	0.135369
35	颤动	v	25	0.188012	57	扫 1	v	18	0.135369
36	抖动	v	25	0.188012	58	抬	v	18	0.135369
37	抹	v	25	0.188012	59	转动	v	17	0.127848
38	抱	v	24	0.180492	60	掉(头)	v	16	0.120328
39	捅	v	24	0.180492	61	捶	v	15	0.112807
40	震动	v	24	0.180492	62	挪动	v	15	0.112807
41	扭	v	23	0.172971	63	踢	v	15	0.112807
42	摇	v	23	0.172971	64	噎	v	15	0.112807
43	摆	v	22	0.165451	65	睁	v	15	0.112807
44	颤抖	v	22	0.165451	66	蹦	v	14	0.105287
45	抓 1	v	22	0.165451	67	扯	v	14	0.105287
46	刺	v	21	0.157930	68	放	v	14	0.105287
47	顿	v	21	0.157930	69	哼	v	14	0.105287
48	摇晃	v	21	0.157930	70	叫	v	14	0.105287
49	咬	v	21	0.157930	71	照	v	13	0.097766
50	拧	v	20	0.150410	72	蹿	v	12	0.090246

续表

序号	搭配项	词性	频次	频率(%)	序号	搭配项	词性	频次	频率(%)
73	挤	v	11	0.082725	95	扭动	v	8	0.060164
74	腾	v	11	0.082725	96	闪动	v	8	0.060164
75	咂	v	11	0.082725	97	梳	v	8	0.060164
76	按	v	10	0.075205	98	甩	v	8	0.060164
77	比划	v	10	0.075205	99	吐	v	8	0.060164
78	跌	v	10	0.075205	100	压	v	8	0.060164
79	晃动	v	10	0.075205	101	扎	v	8	0.060164
80	缩	v	10	0.075205	102	震	v	8	0.060164
81	踩	v	9	0.067684	103	震颤	v	8	0.060164
82	撩	v	9	0.067684	104	抽搐	v	7	0.052643
83	捋	v	9	0.067684	105	挡	v	7	0.052643
84	伸	v	9	0.067684	106	顶	v	7	0.052643
85	摔	v	9	0.067684	107	动弹	v	7	0.052643
86	歪	v	9	0.067684	108	划	v	7	0.052643
87	砸	v	9	0.067684	109	滑	v	7	0.052643
88	踩	v	8	0.060164	110	搅	v	7	0.052643
89	战栗	v	8	0.060164	111	咳嗽	v	7	0.052643
90	撑	v	8	0.060164	112	踉跄	v	7	0.052643
91	扶	v	8	0.060164	113	趔趄	v	7	0.052643
92	挥动	v	8	0.060164	114	掠	v	7	0.052643
93	揪	v	8	0.060164	115	掐	v	7	0.052643
94	磕	v	8	0.060164	116	跷	v	7	0.052643

续表

序号	搭配项	词性	频次	频率(%)	序号	搭配项	词性	频次	频率(%)
117	蠕动	v	7	0.052643	139	投	v	5	0.037602
118	耸	v	7	0.052643	140	移	v	5	0.037602
119	掏	v	7	0.052643	141	眨巴	v	5	0.037602
120	吸	v	7	0.052643	142	蘸	v	5	0.037602
121	攥	v	7	0.052643	143	蜇	v	5	0.037602
122	挨 1	v	6	0.045123	144	撞击	v	5	0.037602
123	拨	v	6	0.045123	145	摆动	v	4	0.030082
124	吹	v	6	0.045123	146	扳	v	4	0.030082
125	捣	v	6	0.045123	147	拨动	v	4	0.030082
126	刮	v	6	0.045123	148	拨弄	v	4	0.030082
127	擂	v	6	0.045123	149	触	v	4	0.030082
128	碰撞	v	6	0.045123	150	紧缩	v	4	0.030082
129	撇	v	6	0.045123	151	拎	v	4	0.030082
130	抽动	v	5	0.037602	152	抡	v	4	0.030082
131	抚摩	v	5	0.037602	153	抿	v	4	0.030082
132	鼓	v	5	0.037602	154	拍打	v	4	0.030082
133	咳	v	5	0.037602	155	飘	v	4	0.030082
134	扣	v	5	0.037602	156	敲打	v	4	0.030082
135	搂	v	5	0.037602	157	敲击	v	4	0.030082
136	揉	v	5	0.037602	158	亲吻	v	4	0.030082
137	松	v	5	0.037602	159	塞	v	4	0.030082
138	跳动	v	5	0.037602	160	松动	v	4	0.030082

续表

序号	搭配项	词性	频次	频率(%)	序号	搭配项	词性	频次	频率(%)
161	弯	v	4	0.030082	183	跳跃	v	3	0.022561
162	拜	v	3	0.022561	184	挺	v	3	0.022561
163	搓	v	3	0.022561	185	吞	v	3	0.022561
164	蹬	v	3	0.022561	186	整1	v	3	0.022561
165	掂	v	3	0.022561	187	扒	v	2	0.015041
166	翻腾	v	3	0.022561	188	拔	v	2	0.015041
167	拂	v	3	0.022561	189	搬	v	2	0.015041
168	滚	v	3	0.022561	190	波动	v	2	0.015041
169	喊	v	3	0.022561	191	蹭	v	2	0.015041
170	糊	v	3	0.022561	192	抽打	v	2	0.015041
171	夹	v	3	0.022561	193	锄	v	2	0.015041
172	嚼	v	3	0.022561	194	耷拉	v	2	0.015041
173	痉挛	v	3	0.022561	195	颠	v	2	0.015041
174	咧	v	3	0.022561	196	抖颤	v	2	0.015041
175	拢	v	3	0.022561	197	胳肢	v	2	0.015041
176	眯	v	3	0.022561	198	勾	v	2	0.015041
177	磨	v	3	0.022561	199	哼哼	v	2	0.015041
178	挠	v	3	0.022561	200	吼	v	2	0.015041
179	捻	v	3	0.022561	201	忽闪	v	2	0.015041
180	努(嘴)	v	3	0.022561	202	摩挲	v	2	0.015041
181	闪现	v	3	0.022561	203	挪	v	2	0.015041
182	竖	v	3	0.022561	204	劈	v	2	0.015041

续表

序号	搭配项	词性	频次	频率(%)	序号	搭配项	词性	频次	频率(%)
205	搔	v	2	0.015041	227	抚弄	v	1	0.007520
206	闪烁	v	2	0.015041	228	干咳	v	1	0.007520
207	数	v	2	0.015041	229	硌	v	1	0.007520
208	踏	v	2	0.015041	230	拱	v	1	0.007520
209	斜	v	2	0.015041	231	勾画	v	1	0.007520
210	嗅	v	2	0.015041	232	剐	v	1	0.007520
211	摇摆	v	2	0.015041	233	关	v	1	0.007520
212	沾	v	2	0.015041	234	哈	v	1	0.007520
213	拽	v	2	0.015041	235	喊叫	v	1	0.007520
214	揍	v	2	0.015041	236	唬	v	1	0.007520
215	吧唧	v	1	0.007520	237	晃荡	v	1	0.007520
216	拨拉	v	1	0.007520	238	挥舞	v	1	0.007520
217	抻	v	1	0.007520	239	豁	v	1	0.007520
218	触摸	v	1	0.007520	240	击	v	1	0.007520
219	揣	v	1	0.007520	241	搅动	v	1	0.007520
220	啐	v	1	0.007520	242	举	v	1	0.007520
221	颠簸	v	1	0.007520	243	撅	v	1	0.007520
222	掉换	v	1	0.007520	244	嘣	v	1	0.007520
223	钉	v	1	0.007520	245	砍	v	1	0.007520
224	翻转	v	1	0.007520	246	磕碰	v	1	0.007520
225	敷	v	1	0.007520	247	捆	v	1	0.007520
226	拂拭	v	1	0.007520	248	撂	v	1	0.007520

续表

序号	搭配项	词性	频次	频率(%)	序号	搭配项	词性	频次	频率(%)
249	撸	v	1	0.007520	273	涮	v	1	0.007520
250	猛击	v	1	0.007520	274	吮	v	1	0.007520
251	捺	v	1	0.007520	275	嗽	v	1	0.007520
252	拈	v	1	0.007520	276	剃	v	1	0.007520
253	碾	v	1	0.007520	277	挖	v	1	0.007520
254	拍击	v	1	0.007520	278	挽	v	1	0.007520
255	捧	v	1	0.007520	279	舞动	v	1	0.007520
256	飘动	v	1	0.007520	280	翕	v	1	0.007520
257	扑打	v	1	0.007520	281	翕动	v	1	0.007520
258	翘	v	1	0.007520	282	掀	v	1	0.007520
259	切	v	1	0.007520	283	掀动	v	1	0.007520
260	揿	v	1	0.007520	284	擤	v	1	0.007520
261	倾斜	v	1	0.007520	285	踅	v	1	0.007520
262	屈	v	1	0.007520	286	掩	v	1	0.007520
263	揉搓	v	1	0.007520	287	摇动	v	1	0.007520
264	搡	v	1	0.007520	288	咂摸	v	1	0.007520
265	筛	v	1	0.007520	289	凿	v	1	0.007520
266	扇	v	1	0.007520	290	揸	v	1	0.007520
267	扇动	v	1	0.007520	291	轧	v	1	0.007520
268	拾	v	1	0.007520	292	张	v	1	0.007520
269	螫	v	1	0.007520	293	振动	v	1	0.007520
270	收缩	v	1	0.007520	294	啄	v	1	0.007520
271	漱	v	1	0.007520	合计	294(词数)、3373(频次)、25.366624(频率)			
272	拴	v	1	0.007520					

① 部分动词有多个义项,在本语料库中与“一下1”搭配的义项,统一标注为“V1”,如“动1”“摸1”等。

② 在此表中,v表示动词。

③ 频次指在13297条检索例句中,动词与“一下1”的共现次数。

④ 频率指在13297条检索例句中,动词与“一下1”的共现次数所占比例。

附表 3　　“一下 2”动词搭配项降频词

序号	搭配项[①]	词性[②]	频次[③]	频率[④]（%）	序号	搭配项	词性	频次	频率（%）
1	想	v	491	3.692562	23	望	v	77	0.579078
2	看	v	335	2.519365	24	沉吟	v	67	0.503873
3	笑	v	291	2.188464	25	打听	v	62	0.466271
4	去	v	280	2.105738	26	谈	v	55	0.413627
5	愣	v	234	1.759795	27	整理	v	54	0.406107
6	介绍	v	233	1.752275	28	查	v	50	0.376025
7	来	v	183	1.376250	29	准备	v	49	0.368504
8	商量	v	177	1.331127	30	交换	v	46	0.345943
9	停	v	177	1.331127	31	分析	v	45	0.338422
10	研究	v	129	0.970144	32	观察	v	42	0.315861
11	考虑	v	128	0.962623	33	出去	v	41	0.308340
12	休息	v	120	0.902459	34	算	v	39	0.293299
13	苦笑	v	119	0.894939	35	请	v	37	0.278258
14	说	v	112	0.842295	36	讨论	v	36	0.270738
15	问	v	110	0.827254	37	总结	v	36	0.270738
16	了解	v	95	0.714447	38	坐	v	36	0.270738
17	收拾	v	88	0.661803	39	出来	v	35	0.263217
18	微笑	v	88	0.661803	40	认识	v	35	0.263217
19	打量	v	81	0.609160	41	说明	v	35	0.263217
20	检查	v	79	0.594119	42	思索	v	35	0.263217
21	怔	v	79	0.594119	43	讲	v	34	0.255697
22	解释	v	78	0.586598	44	冷笑	v	34	0.255697

续表

序号	搭配项	词性	频次	频率(%)	序号	搭配项	词性	频次	频率(%)
45	试	v	34	0.255697	67	联系	v	21	0.157930
46	调查	v	33	0.248176	68	商议	v	21	0.157930
47	张望	v	33	0.248176	69	上	v	21	0.157930
48	沉思	v	29	0.218094	70	招呼	v	21	0.157930
49	汇报	v	29	0.218094	71	换	v	20	0.150410
50	听	v	28	0.210574	72	回去	v	20	0.150410
51	改变	v	26	0.195533	73	计算	v	20	0.150410
52	扫2	v	26	0.195533	74	应付	v	20	0.150410
53	歇	v	26	0.195533	75	做	v	20	0.150410
54	踌躇	v	25	0.188012	76	尝试	v	19	0.142889
55	回忆	v	25	0.188012	77	沉	v	19	0.142889
56	照顾	v	25	0.188012	78	回顾	v	19	0.142889
57	安排	v	24	0.180492	79	评价	v	19	0.142889
58	让	v	24	0.180492	80	找	v	19	0.142889
59	思考	v	24	0.180492	81	估计	v	18	0.135369
60	调整	v	24	0.180492	82	瞟	v	18	0.135369
61	享受	v	24	0.180492	83	知道	v	18	0.135369
62	缓冲	v	22	0.165451	84	喘息	v	17	0.127848
63	惊	v	22	0.165451	85	感受	v	17	0.127848
64	清理	v	22	0.165451	86	环顾	v	17	0.127848
65	抓2	v	22	0.165451	87	忍耐	v	17	0.127848
66	惨笑	v	21	0.157930	88	注意	v	17	0.127848

续表

序号	搭配项	词性	频次	频率(%)	序号	搭配项	词性	频次	频率(%)
89	布置	v	16	0.120328	111	表示	v	13	0.097766
90	沉迷	v	16	0.120328	112	表现	v	13	0.097766
91	过来	v	16	0.120328	113	躲	v	13	0.097766
92	揩	v	16	0.120328	114	见	v	13	0.097766
93	请示	v	16	0.120328	115	瞧	v	13	0.097766
94	预测	v	16	0.120328	116	体验	v	13	0.097766
95	证实	v	16	0.120328	117	统计	v	13	0.097766
96	反映	v	15	0.112807	118	学习	v	13	0.097766
97	放松	v	15	0.112807	119	巡视	v	13	0.097766
98	敷衍	v	15	0.112807	120	招	v	13	0.097766
99	干	v	15	0.112807	121	安慰	v	12	0.090246
100	搞	v	15	0.112807	122	查看	v	12	0.090246
101	合计	v	15	0.112807	123	交代	v	12	0.090246
102	核实	v	15	0.112807	124	扫视	v	12	0.090246
103	回想	v	15	0.112807	125	提醒	v	12	0.090246
104	试探	v	15	0.112807	126	下来	v	12	0.090246
105	打扫	v	14	0.105287	127	照看	v	12	0.090246
106	坚持	v	14	0.105287	128	参观	v	11	0.082725
107	瞥	v	14	0.105287	129	冲	v	11	0.082725
108	想象	v	14	0.105287	130	打扮	v	11	0.082725
109	侦察	v	14	0.105287	131	打算	v	11	0.082725
110	帮助	v	13	0.097766	132	呆	v	11	0.082725

续表

序号	搭配项	词性	频次	频率(%)	序号	搭配项	词性	频次	频率(%)
133	弹	v	11	0.082725	155	躲避	v	10	0.075205
134	锻炼	v	11	0.082725	156	发泄	v	10	0.075205
135	轰	v	11	0.082725	157	环视	v	10	0.075205
136	回来	v	11	0.082725	158	交流	v	10	0.075205
137	教训	v	11	0.082725	159	解决	v	10	0.075205
138	进去	v	11	0.082725	160	盘算	v	10	0.075205
139	纠正	v	11	0.082725	161	批评	v	10	0.075205
140	利用	v	11	0.082725	162	梳理	v	10	0.075205
141	露	v	11	0.082725	163	探讨	v	10	0.075205
142	强调	v	11	0.082725	164	洗	v	10	0.075205
143	清点	v	11	0.082725	165	吓	v	10	0.075205
144	庆祝	v	11	0.082725	166	议	v	10	0.075205
145	体会	v	11	0.082725	167	暗示	v	9	0.067684
146	歇息	v	11	0.082725	168	采访	v	9	0.067684
147	修改	v	11	0.082725	169	瞅	v	9	0.067684
148	整顿	v	11	0.082725	170	处理	v	9	0.067684
149	组织	v	11	0.082725	171	反省	v	9	0.067684
150	帮	v	10	0.075205	172	关心	v	9	0.067684
151	闭	v	10	0.075205	173	管	v	9	0.067684
152	等	v	10	0.075205	174	检点	v	9	0.067684
153	端详	v	10	0.075205	175	接	v	9	0.067684
154	对视	v	10	0.075205	176	借	v	9	0.067684

续表

序号	搭配项	词性	频次	频率(%)	序号	搭配项	词性	频次	频率(%)
177	看望	v	9	0.067684	199	对照	v	8	0.060164
178	浏览	v	9	0.067684	200	分享	v	8	0.060164
179	描述	v	9	0.067684	201	改善	v	8	0.060164
180	起来	v	9	0.067684	202	估量	v	8	0.060164
181	舒展	v	9	0.067684	203	关照	v	8	0.060164
182	烫	v	9	0.067684	204	关注	v	8	0.060164
183	疼	v	9	0.067684	205	归纳	v	8	0.060164
184	停留	v	9	0.067684	206	呼吸	v	8	0.060164
185	透露	v	9	0.067684	207	回	v	8	0.060164
186	显示	v	9	0.067684	208	回答	v	8	0.060164
187	欣赏	v	9	0.067684	209	开	v	8	0.060164
188	形容	v	9	0.067684	210	溜	v	8	0.060164
189	拥抱	v	9	0.067684	211	满足	v	8	0.060164
190	站	v	9	0.067684	212	设想	v	8	0.060164
191	斟酌	v	9	0.067684	213	审查	v	8	0.060164
192	挣扎	v	9	0.067684	214	躺	v	8	0.060164
193	包扎	v	8	0.060164	215	通融	v	8	0.060164
194	比较	v	8	0.060164	216	伪造	v	8	0.060164
195	补充	v	8	0.060164	217	问候	v	8	0.060164
196	察看	v	8	0.060164	218	希望	v	8	0.060164
197	打击	v	8	0.060164	219	修理	v	8	0.060164
198	动 2	v	8	0.060164	220	询问	v	8	0.060164

续表

序号	搭配项	词性	频次	频率(%)	序号	搭配项	词性	频次	频率(%)
221	验证	v	8	0.060164	243	写	v	7	0.052643
222	报复	v	7	0.052643	244	宣传	v	7	0.052643
223	催	v	7	0.052643	245	镇压	v	7	0.052643
224	登记	v	7	0.052643	246	整 2	v	7	0.052643
225	读	v	7	0.052643	247	住	v	7	0.052643
226	观望	v	7	0.052643	248	琢磨	v	7	0.052643
227	核对	v	7	0.052643	249	走	v	7	0.052643
228	缓解	v	7	0.052643	250	作	v	7	0.052643
229	回避	v	7	0.052643	251	安	v	6	0.045123
230	接触	v	7	0.052643	252	比试	v	6	0.045123
231	进来	v	7	0.052643	253	测	v	6	0.045123
232	决定	v	7	0.052643	254	尝	v	6	0.045123
233	考察	v	7	0.052643	255	吃	v	6	0.045123
234	理	v	7	0.052643	256	刺激	v	6	0.045123
235	脸红	v	7	0.052643	257	打探	v	6	0.045123
236	弄	v	7	0.052643	258	翻阅	v	6	0.045123
237	审视	v	7	0.052643	259	改	v	6	0.045123
238	试想	v	7	0.052643	260	改造	v	6	0.045123
239	睡	v	7	0.052643	261	告诉	v	6	0.045123
240	搪塞	v	7	0.052643	262	更正	v	6	0.045123
241	调换	v	7	0.052643	263	过问	v	6	0.045123
242	推荐	v	7	0.052643	264	检验	v	6	0.045123

续表

序号	搭配项	词性	频次	频率(%)	序号	搭配项	词性	频次	频率(%)
265	建议	v	6	0.045123	287	表演	v	5	0.037602
266	较量	v	6	0.045123	288	部署	v	5	0.037602
267	教育	v	6	0.045123	289	查问	v	5	0.037602
268	借用	v	6	0.045123	290	掂量	v	5	0.037602
269	警告	v	6	0.045123	291	发动	v	5	0.037602
270	闹	v	6	0.045123	292	发挥	v	5	0.037602
271	念	v	6	0.045123	293	反思	v	5	0.037602
272	起	v	6	0.045123	294	方便	v	5	0.037602
273	牵动	v	6	0.045123	295	概括	v	5	0.037602
274	清查	v	6	0.045123	296	估	v	5	0.037602
275	试验	v	6	0.045123	297	估摸	v	5	0.037602
276	探	v	6	0.045123	298	衡量	v	5	0.037602
277	探望	v	6	0.045123	299	呼吁	v	5	0.037602
278	提示	v	6	0.045123	300	恢复	v	5	0.037602
279	维持	v	6	0.045123	301	回味	v	5	0.037602
280	斜视	v	6	0.045123	302	检讨	v	5	0.037602
281	叙述	v	6	0.045123	303	讲解	v	5	0.037602
282	用	v	6	0.045123	304	进行	v	5	0.037602
283	安顿	v	5	0.037602	305	考量	v	5	0.037602
284	报	v	5	0.037602	306	考验	v	5	0.037602
285	避	v	5	0.037602	307	窥视	v	5	0.037602
286	表白	v	5	0.037602	308	领略	v	5	0.037602

续表

序号	搭配项	词性	频次	频率(%)	序号	搭配项	词性	频次	频率(%)
309	落实	v	5	0.037602	331	醉	v	5	0.037602
310	判断	v	5	0.037602	332	办	v	4	0.030082
311	培养	v	5	0.037602	333	背	v	4	0.030082
312	配合	v	5	0.037602	334	变动	v	4	0.030082
313	权衡	v	5	0.037602	335	参加	v	4	0.030082
314	伸展	v	5	0.037602	336	测验	v	4	0.030082
315	拾掇	v	5	0.037602	337	澄清	v	4	0.030082
316	思忖	v	5	0.037602	338	触动	v	4	0.030082
317	思量	v	5	0.037602	339	带	v	4	0.030082
318	思虑	v	5	0.037602	340	登	v	4	0.030082
319	送	v	5	0.037602	341	抵抗	v	4	0.030082
320	调	v	5	0.037602	342	斗	v	4	0.030082
321	玩	v	5	0.037602	343	对比	v	4	0.030082
322	细看	v	5	0.037602	344	发(信)	v	4	0.030082
323	修	v	5	0.037602	345	改动	v	4	0.030082
324	修饰	v	5	0.037602	346	改换	v	4	0.030082
325	展示	v	5	0.037602	347	感觉	v	4	0.030082
326	展望	v	5	0.037602	348	干预	v	4	0.030082
327	证明	v	5	0.037602	349	公布	v	4	0.030082
328	指导	v	5	0.037602	350	估算	v	4	0.030082
329	指点	v	5	0.037602	351	激	v	4	0.030082
330	咨询	v	5	0.037602	352	集中	v	4	0.030082

续表

序号	搭配项	词性	频次	频率(%)	序号	搭配项	词性	频次	频率(%)
353	交代	v	4	0.030082	375	调动	v	4	0.030082
354	接待	v	4	0.030082	376	调解	v	4	0.030082
355	哭	v	4	0.030082	377	突击	v	4	0.030082
356	联合	v	4	0.030082	378	团聚	v	4	0.030082
357	量	v	4	0.030082	379	推敲	v	4	0.030082
358	留心	v	4	0.030082	380	退	v	4	0.030082
359	冒充	v	4	0.030082	381	托	v	4	0.030082
360	缅怀	v	4	0.030082	382	慰问	v	4	0.030082
361	批判	v	4	0.030082	383	温习	v	4	0.030082
362	拼	v	4	0.030082	384	闻	v	4	0.030082
363	确认	v	4	0.030082	385	吻别	v	4	0.030082
364	绕	v	4	0.030082	386	下去	v	4	0.030082
365	忍受	v	4	0.030082	387	吓唬	v	4	0.030082
366	认	v	4	0.030082	388	休整	v	4	0.030082
367	上去	v	4	0.030082	389	虚拟	v	4	0.030082
368	呻吟	v	4	0.030082	390	宣布	v	4	0.030082
369	审	v	4	0.030082	391	炫耀	v	4	0.030082
370	收	v	4	0.030082	392	演	v	4	0.030082
371	疏通	v	4	0.030082	393	验	v	4	0.030082
372	搜集	v	4	0.030082	394	应酬	v	4	0.030082
373	探听	v	4	0.030082	395	游	v	4	0.030082
374	提拔	v	4	0.030082	396	震惊	v	4	0.030082

续表

序号	搭配项	词性	频次	频率(%)	序号	搭配项	词性	频次	频率(%)
397	争	v	4	0.030082	419	抵挡	v	3	0.022561
398	征求	v	4	0.030082	420	兜	v	3	0.022561
399	重温	v	4	0.030082	421	堵	v	3	0.022561
400	尊重	v	4	0.030082	422	对付	v	3	0.022561
401	安置	v	3	0.022561	423	发表	v	3	0.022561
402	巴结	v	3	0.022561	424	翻译	v	3	0.022561
403	报告	v	3	0.022561	425	放纵	v	3	0.022561
404	比	v	3	0.022561	426	分	v	3	0.022561
405	辨认	v	3	0.022561	427	分担	v	3	0.022561
406	表达	v	3	0.022561	428	粉刷	v	3	0.022561
407	补救	v	3	0.022561	429	讽刺	v	3	0.022561
408	参考	v	3	0.022561	430	复习	v	3	0.022561
409	侧	v	3	0.022561	431	干笑	v	3	0.022561
410	测量	v	3	0.022561	432	割	v	3	0.022561
411	查证	v	3	0.022561	433	隔	v	3	0.022561
412	撤(职)	v	3	0.022561	434	哽咽	v	3	0.022561
413	冲击	v	3	0.022561	435	恭维	v	3	0.022561
414	充实	v	3	0.022561	436	鼓励	v	3	0.022561
415	出现	v	3	0.022561	437	观赏	v	3	0.022561
416	串	v	3	0.022561	438	合	v	3	0.022561
417	撮合	v	3	0.022561	439	花	v	3	0.022561
418	瞪	v	3	0.022561	440	活跃	v	3	0.022561

续表

序号	搭配项	词性	频次	频率(%)	序号	搭配项	词性	频次	频率(%)
441	纪念	v	3	0.022561	463	拿	v	3	0.022561
442	寄	v	3	0.022561	464	闹腾	v	3	0.022561
443	假装	v	3	0.022561	465	凝视	v	3	0.022561
444	鉴定	v	3	0.022561	466	怕	v	3	0.022561
445	接受	v	3	0.022561	467	排	v	3	0.022561
446	界定	v	3	0.022561	468	品味	v	3	0.022561
447	惊动	v	3	0.022561	469	掐算	v	3	0.022561
448	敬	v	3	0.022561	470	谦让	v	3	0.022561
449	聚会	v	3	0.022561	471	倾听	v	3	0.022561
450	靠	v	3	0.022561	472	倾吐	v	3	0.022561
451	瞌睡	v	3	0.022561	473	请教	v	3	0.022561
452	扩大	v	3	0.022561	474	区分	v	3	0.022561
453	立	v	3	0.022561	475	骚扰	v	3	0.022561
454	联络	v	3	0.022561	476	傻笑	v	3	0.022561
455	练	v	3	0.022561	477	商谈	v	3	0.022561
456	谅解	v	3	0.022561	478	烧	v	3	0.022561
457	聊	v	3	0.022561	479	深思	v	3	0.022561
458	领	v	3	0.022561	480	声明	v	3	0.022561
459	留	v	3	0.022561	481	实践	v	3	0.022561
460	留神	v	3	0.022561	482	示意	v	3	0.022561
461	流	v	3	0.022561	483	受	v	3	0.022561
462	摸 2	v	3	0.022561	484	搜索	v	3	0.022561

续表

序号	搭配项	词性	频次	频率(%)	序号	搭配项	词性	频次	频率(%)
485	谈论	v	3	0.022561	507	支持	v	3	0.022561
486	坦白	v	3	0.022561	508	支吾	v	3	0.022561
487	探索	v	3	0.022561	509	主持	v	3	0.022561
488	探问	v	3	0.022561	510	注视	v	3	0.022561
489	通知	v	3	0.022561	511	转移	v	3	0.022561
490	妥协	v	3	0.022561	512	挨2	v	2	0.015041
491	外调	v	3	0.022561	513	爱	v	2	0.015041
492	消遣	v	3	0.022561	514	爱护	v	2	0.015041
493	心疼	v	3	0.022561	515	按摩	v	2	0.015041
494	辛苦	v	3	0.022561	516	暗笑	v	2	0.015041
495	训练	v	3	0.022561	517	摆弄	v	2	0.015041
496	要求	v	3	0.022561	518	拜访	v	2	0.015041
497	抑制	v	3	0.022561	519	办理	v	2	0.015041
498	隐蔽	v	3	0.022561	520	保管	v	2	0.015041
499	怨	v	3	0.022561	521	保护	v	2	0.015041
500	赞美	v	3	0.022561	522	变	v	2	0.015041
501	招待	v	3	0.022561	523	变换	v	2	0.015041
502	照料	v	3	0.022561	524	辩解	v	2	0.015041
503	振作	v	3	0.022561	525	表明	v	2	0.015041
504	镇守	v	3	0.022561	526	表扬	v	2	0.015041
505	整修	v	3	0.022561	527	擦亮	v	2	0.015041
506	挣	v	3	0.022561	528	猜	v	2	0.015041

续表

序号	搭配项	词性	频次	频率(%)	序号	搭配项	词性	频次	频率(%)
529	测试	v	2	0.015041	551	点缀	v	2	0.015041
530	查询	v	2	0.015041	552	刁难	v	2	0.015041
531	抄	v	2	0.015041	553	抖落	v	2	0.015041
532	抄写	v	2	0.015041	554	抖擞	v	2	0.015041
533	嘲弄	v	2	0.015041	555	端	v	2	0.015041
534	陈述	v	2	0.015041	556	躲闪	v	2	0.015041
535	惩罚	v	2	0.015041	557	翻看	v	2	0.015041
536	出击	v	2	0.015041	558	反抗	v	2	0.015041
537	传	v	2	0.015041	559	防备	v	2	0.015041
538	传达	v	2	0.015041	560	访问	v	2	0.015041
539	凑合	v	2	0.015041	561	扶持	v	2	0.015041
540	打扰	v	2	0.015041	562	抚慰	v	2	0.015041
541	打问	v	2	0.015041	563	俯视	v	2	0.015041
542	代	v	2	0.015041	564	改进	v	2	0.015041
543	代理	v	2	0.015041	565	改装	v	2	0.015041
544	戴	v	2	0.015041	566	感谢	v	2	0.015041
545	担心	v	2	0.015041	567	干涉	v	2	0.015041
546	耽搁	v	2	0.015041	568	告	v	2	0.015041
547	荡漾	v	2	0.015041	569	告别	v	2	0.015041
548	悼念	v	2	0.015041	570	攻	v	2	0.015041
549	递	v	2	0.015041	571	巩固	v	2	0.015041
550	谛听	v	2	0.015041	572	鼓捣	v	2	0.015041

续表

序号	搭配项	词性	频次	频率(%)	序号	搭配项	词性	频次	频率(%)
573	观光	v	2	0.015041	595	检测	v	2	0.015041
574	跪	v	2	0.015041	596	检阅	v	2	0.015041
575	过	v	2	0.015041	597	剪裁	v	2	0.015041
576	过渡	v	2	0.015041	598	见识	v	2	0.015041
577	过去	v	2	0.015041	599	溅	v	2	0.015041
578	寒暄	v	2	0.015041	600	降落	v	2	0.015041
579	呵护	v	2	0.015041	601	交往	v	2	0.015041
580	核准	v	2	0.015041	602	教	v	2	0.015041
581	横	v	2	0.015041	603	揭发	v	2	0.015041
582	烘	v	2	0.015041	604	结识	v	2	0.015041
583	候	v	2	0.015041	605	解	v	2	0.015041
584	画	v	2	0.015041	606	静养	v	2	0.015041
585	缓行	v	2	0.015041	607	掘	v	2	0.015041
586	换算	v	2	0.015041	608	开导	v	2	0.015041
587	回望	v	2	0.015041	609	开会	v	2	0.015041
588	讥讽	v	2	0.015041	610	开阔	v	2	0.015041
589	计议	v	2	0.015041	611	客串	v	2	0.015041
590	记录	v	2	0.015041	612	肯定	v	2	0.015041
591	加	v	2	0.015041	613	空闲	v	2	0.015041
592	假设	v	2	0.015041	614	夸赞	v	2	0.015041
593	捡	v	2	0.015041	615	款待	v	2	0.015041
594	检	v	2	0.015041	616	拦	v	2	0.015041

续表

序号	搭配项	词性	频次	频率(%)	序号	搭配项	词性	频次	频率(%)
617	劳	v	2	0.015041	639	暖	v	2	0.015041
618	理睬	v	2	0.015041	640	爬	v	2	0.015041
619	勒	v	2	0.015041	641	徘徊	v	2	0.015041
620	离开	v	2	0.015041	642	跑	v	2	0.015041
621	理解	v	2	0.015041	643	泡	v	2	0.015041
622	练习	v	2	0.015041	644	喷	v	2	0.015041
623	燎	v	2	0.015041	645	烹	v	2	0.015041
624	料理	v	2	0.015041	646	平定	v	2	0.015041
625	列举	v	2	0.015041	647	评	v	2	0.015041
626	留意	v	2	0.015041	648	凭	v	2	0.015041
627	旅行	v	2	0.015041	649	破	v	2	0.015041
628	履行	v	2	0.015041	650	欺负	v	2	0.015041
629	闷	v	2	0.015041	651	迁就	v	2	0.015041
630	猛冲	v	2	0.015041	652	抢	v	2	0.015041
631	弥补	v	2	0.015041	653	切磋	v	2	0.015041
632	迷	v	2	0.015041	654	倾诉	v	2	0.015041
633	勉励	v	2	0.015041	655	清扫	v	2	0.015041
634	描绘	v	2	0.015041	656	庆贺	v	2	0.015041
635	明白	v	2	0.015041	657	劝告	v	2	0.015041
636	模拟	v	2	0.015041	658	劝慰	v	2	0.015041
637	凝望	v	2	0.015041	659	确定	v	2	0.015041
638	扭曲	v	2	0.015041	660	热衷	v	2	0.015041

续表

序号	搭配项	词性	频次	频率(%)	序号	搭配项	词性	频次	频率(%)
661	散	v	2	0.015041	683	体现	v	2	0.015041
662	散开	v	2	0.015041	684	挑选	v	2	0.015041
663	扫射	v	2	0.015041	685	调剂	v	2	0.015041
664	晒	v	2	0.015041	686	调侃	v	2	0.015041
665	伤害	v	2	0.015041	687	贴	v	2	0.015041
666	赏鉴	v	2	0.015041	688	通	v	2	0.015041
667	上来	v	2	0.015041	689	通报	v	2	0.015041
668	申明	v	2	0.015041	690	统一	v	2	0.015041
669	视察	v	2	0.015041	691	偷	v	2	0.015041
670	适应	v	2	0.015041	692	偷看	v	2	0.015041
671	收敛	v	2	0.015041	693	偷窥	v	2	0.015041
672	述说	v	2	0.015041	694	推广	v	2	0.015041
673	思谋	v	2	0.015041	695	推算	v	2	0.015041
674	搜	v	2	0.015041	696	为难	v	2	0.015041
675	搜查	v	2	0.015041	697	围	v	2	0.015041
676	苏醒	v	2	0.015041	698	慰劳	v	2	0.015041
677	算计	v	2	0.015041	699	温暖	v	2	0.015041
678	睃	v	2	0.015041	700	袭扰	v	2	0.015041
679	提倡	v	2	0.015041	701	孝敬	v	2	0.015041
680	提高	v	2	0.015041	702	校对	v	2	0.015041
681	提议	v	2	0.015041	703	协调	v	2	0.015041
682	体味	v	2	0.015041	704	心跳	v	2	0.015041

续表

序号	搭配项	词性	频次	频率(%)	序号	搭配项	词性	频次	频率(%)
705	兴修	v	2	0.015041	727	征	v	2	0.015041
706	修补	v	2	0.015041	728	正视	v	2	0.015041
707	修葺	v	2	0.015041	729	治	v	2	0.015041
708	寻思	v	2	0.015041	730	主张	v	2	0.015041
709	腌	v	2	0.015041	731	转变	v	2	0.015041
710	掩饰	v	2	0.015041	732	装饰	v	2	0.015041
711	演习	v	2	0.015041	733	装修	v	2	0.015041
712	遥望	v	2	0.015041	734	追究	v	2	0.015041
713	医治	v	2	0.015041	735	追忆	v	2	0.015041
714	译	v	2	0.015041	736	走动	v	2	0.015041
715	引导	v	2	0.015041	737	钻	v	2	0.015041
716	印证	v	2	0.015041	738	作弄	v	2	0.015041
717	约束	v	2	0.015041	739	安抚	v	1	0.007520
718	酝酿	v	2	0.015041	740	安居	v	1	0.007520
719	展现	v	2	0.015041	741	熬	v	1	0.007520
720	掌握	v	2	0.015041	742	把玩	v	1	0.007520
721	丈量	v	2	0.015041	743	拜读	v	1	0.007520
722	照亮	v	2	0.015041	744	拜见	v	1	0.007520
723	遮挡	v	2	0.015041	745	扮演	v	1	0.007520
724	折腾	v	2	0.015041	746	包	v	1	0.007520
725	着重	v	2	0.015041	747	包装	v	1	0.007520
726	诊断	v	2	0.015041	748	保养	v	1	0.007520

续表

序号	搭配项	词性	频次	频率(%)	序号	搭配项	词性	频次	频率(%)
749	报答	v	1	0.007520	771	补偿	v	1	0.007520
750	报到	v	1	0.007520	772	补习	v	1	0.007520
751	爆发	v	1	0.007520	773	补养	v	1	0.007520
752	绷	v	1	0.007520	774	猜想	v	1	0.007520
753	逼	v	1	0.007520	775	采取	v	1	0.007520
754	鄙视	v	1	0.007520	776	藏	v	1	0.007520
755	避开	v	1	0.007520	777	操	v	1	0.007520
756	编辑	v	1	0.007520	778	操练	v	1	0.007520
757	鞭挞	v	1	0.007520	779	浏览	v	1	0.007520
758	变更	v	1	0.007520	780	查访	v	1	0.007520
759	变通	v	1	0.007520	781	刹	v	1	0.007520
760	辩护	v	1	0.007520	782	搀	v	1	0.007520
761	辩证	v	1	0.007520	783	搀扶	v	1	0.007520
762	标	v	1	0.007520	784	产	v	1	0.007520
763	标注	v	1	0.007520	785	阐述	v	1	0.007520
764	表决	v	1	0.007520	786	唱	v	1	0.007520
765	表露	v	1	0.007520	787	嘲讽	v	1	0.007520
766	表彰	v	1	0.007520	788	称	v	1	0.007520
767	裱	v	1	0.007520	789	称赞	v	1	0.007520
768	剥削	v	1	0.007520	790	成全	v	1	0.007520
769	播	v	1	0.007520	791	承担	v	1	0.007520
770	补	v	1	0.007520	792	惩戒	v	1	0.007520

续表

序号	搭配项	词性	频次	频率(%)	序号	搭配项	词性	频次	频率(%)
793	持	v	1	0.007520	815	打破	v	1	0.007520
794	充	v	1	0.007520	816	打造	v	1	0.007520
795	充当	v	1	0.007520	818	代办	v	1	0.007520
796	抽查	v	1	0.007520	817	代替	v	1	0.007520
797	仇恨	v	1	0.007520	819	带动	v	1	0.007520
798	愁	v	1	0.007520	820	待	v	1	0.007520
799	筹备	v	1	0.007520	821	担忧	v	1	0.007520
800	筹划	v	1	0.007520	823	倒换	v	1	0.007520
801	触犯	v	1	0.007520	822	倒腾	v	1	0.007520
802	穿	v	1	0.007520	824	倒转	v	1	0.007520
803	传授	v	1	0.007520	825	登门	v	1	0.007520
804	传扬	v	1	0.007520	827	点拨	v	1	0.007520
805	喘	v	1	0.007520	826	点播	v	1	0.007520
806	闯	v	1	0.007520	828	点评	v	1	0.007520
807	闯荡	v	1	0.007520	829	电击	v	1	0.007520
808	啜泣	v	1	0.007520	830	顶撞	v	1	0.007520
809	辞别	v	1	0.007520	831	定夺	v	1	0.007520
810	刺溜	v	1	0.007520	832	动乱	v	1	0.007520
811	忖度	v	1	0.007520	833	动情	v	1	0.007520
812	挫	v	1	0.007520	834	动员	v	1	0.007520
813	打断	v	1	0.007520	835	斗争	v	1	0.007520
814	打开	v	1	0.007520	836	逗留	v	1	0.007520

续表

序号	搭配项	词性	频次	频率(%)	序号	搭配项	词性	频次	频率(%)
837	逗引	v	1	0.007520	859	纺	v	1	0.007520
838	督促	v	1	0.007520	860	放手	v	1	0.007520
839	独处	v	1	0.007520	861	飞	v	1	0.007520
840	端量	v	1	0.007520	862	飞扬	v	1	0.007520
841	断	v	1	0.007520	863	分类	v	1	0.007520
842	对质	v	1	0.007520	864	分派	v	1	0.007520
843	兑换	v	1	0.007520	865	分散	v	1	0.007520
844	堕落	v	1	0.007520	866	扶正	v	1	0.007520
845	讹	v	1	0.007520	867	扶助	v	1	0.007520
846	饿	v	1	0.007520	868	浮沉	v	1	0.007520
847	耳语	v	1	0.007520	869	付	v	1	0.007520
848	发作	v	1	0.007520	870	附	v	1	0.007520
849	罚	v	1	0.007520	871	附带	v	1	0.007520
850	翻越	v	1	0.007520	872	复查	v	1	0.007520
851	反	v	1	0.007520	873	复活	v	1	0.007520
852	反驳	v	1	0.007520	874	复述	v	1	0.007520
853	反攻	v	1	0.007520	875	复议	v	1	0.007520
854	反问	v	1	0.007520	876	复职	v	1	0.007520
855	犯	v	1	0.007520	877	改革	v	1	0.007520
856	防	v	1	0.007520	878	改正	v	1	0.007520
857	防范	v	1	0.007520	879	概述	v	1	0.007520
858	仿效	v	1	0.007520	880	赶	v	1	0.007520

续表

序号	搭配项	词性	频次	频率(%)	序号	搭配项	词性	频次	频率(%)
881	感动	v	1	0.007520	903	广播	v	1	0.007520
882	感慨	v	1	0.007520	904	逛	v	1	0.007520
883	感悟	v	1	0.007520	905	归并	v	1	0.007520
884	高攀	v	1	0.007520	906	归结	v	1	0.007520
885	告知	v	1	0.007520	907	归置	v	1	0.007520
886	搁	v	1	0.007520	908	规定	v	1	0.007520
887	搁置	v	1	0.007520	909	规范	v	1	0.007520
888	革新	v	1	0.007520	910	规划	v	1	0.007520
889	更改	v	1	0.007520	911	过目	v	1	0.007520
890	更新	v	1	0.007520	912	还	v	1	0.007520
891	公开	v	1	0.007520	913	害怕	v	1	0.007520
892	共享	v	1	0.007520	914	行(酒令)	v	1	0.007520
893	勾搭	v	1	0.007520					
894	勾结	v	1	0.007520	915	号召	v	1	0.007520
895	沟通	v	1	0.007520	916	喝	v	1	0.007520
896	鼓吹	v	1	0.007520	917	合并	v	1	0.007520
897	顾	v	1	0.007520	918	恨	v	1	0.007520
898	顾盼	v	1	0.007520	919	轰动	v	1	0.007520
899	拐	v	1	0.007520	920	哄	v	1	0.007520
900	关闭	v	1	0.007520	921	胡扯	v	1	0.007520
901	管制	v	1	0.007520	922	虎	v	1	0.007520
902	光顾	v	1	0.007520	923	护	v	1	0.007520

续表

序号	搭配项	词性	频次	频率(%)	序号	搭配项	词性	频次	频率(%)
924	护送	v	1	0.007520	946	集训	v	1	0.007520
925	化验	v	1	0.007520	947	计	v	1	0.007520
926	化装	v	1	0.007520	948	计划	v	1	0.007520
927	怀旧	v	1	0.007520	949	记	v	1	0.007520
928	怀念	v	1	0.007520	950	记述	v	1	0.007520
929	欢庆	v	1	0.007520	951	祭奠	v	1	0.007520
930	欢迎	v	1	0.007520	952	加固	v	1	0.007520
931	缓	v	1	0.007520	953	加强	v	1	0.007520
932	换乘	v	1	0.007520	954	加重	v	1	0.007520
933	慌	v	1	0.007520	955	坚定	v	1	0.007520
934	回荡	v	1	0.007520	956	兼顾	v	1	0.007520
935	回请	v	1	0.007520	957	简化	v	1	0.007520
936	回应	v	1	0.007520	958	建	v	1	0.007520
937	会商	v	1	0.007520	959	健全	v	1	0.007520
938	会谈	v	1	0.007520	960	将就	v	1	0.007520
939	贿赂	v	1	0.007520	961	讲述	v	1	0.007520
940	混	v	1	0.007520	962	交	v	1	0.007520
941	活	v	1	0.007520	963	娇惯	v	1	0.007520
942	叽咕	v	1	0.007520	964	接济	v	1	0.007520
943	积	v	1	0.007520	965	接见	v	1	0.007520
944	激励	v	1	0.007520	966	揭露	v	1	0.007520
945	集结	v	1	0.007520	967	结束	v	1	0.007520

续表

序号	搭配项	词性	频次	频率(%)	序号	搭配项	词性	频次	频率(%)
968	结算	v	1	0.007520	990	考	v	1	0.007520
969	结扎	v	1	0.007520	991	考查	v	1	0.007520
970	解剖	v	1	0.007520	992	考证	v	1	0.007520
971	解说	v	1	0.007520	993	靠近	v	1	0.007520
972	解析	v	1	0.007520	994	克服	v	1	0.007520
973	尽兴	v	1	0.007520	995	克扣	v	1	0.007520
974	进出	v	1	0.007520	996	克制	v	1	0.007520
975	浸	v	1	0.007520	997	刻	v	1	0.007520
976	禁闭	v	1	0.007520	998	坑	v	1	0.007520
977	经历	v	1	0.007520	999	控制	v	1	0.007520
978	惊悸	v	1	0.007520	1000	口吃	v	1	0.007520
979	惊醒	v	1	0.007520	1001	口传	v	1	0.007520
980	救	v	1	0.007520	1002	枯坐	v	1	0.007520
981	救援	v	1	0.007520	1003	夸	v	1	0.007520
982	举报	v	1	0.007520	1004	夸耀	v	1	0.007520
983	聚	v	1	0.007520	1005	跨	v	1	0.007520
984	聚焦	v	1	0.007520	1006	狂欢	v	1	0.007520
985	卷	v	1	0.007520	1007	窥探	v	1	0.007520
986	开解	v	1	0.007520	1008	喟叹	v	1	0.007520
987	开辟	v	1	0.007520	1009	拉拢	v	1	0.007520
988	抗	v	1	0.007520	1010	劳驾	v	1	0.007520
989	抗争	v	1	0.007520	1011	了结	v	1	0.007520

续表

序号	搭配项	词性	频次	频率(%)	序号	搭配项	词性	频次	频率(%)
1012	冷敷	v	1	0.007520	1034	迷糊	v	1	0.007520
1013	礼让	v	1	0.007520	1035	迷惑	v	1	0.007520
1014	联想	v	1	0.007520	1036	迷信	v	1	0.007520
1015	晾晒	v	1	0.007520	1037	面试	v	1	0.007520
1016	疗养	v	1	0.007520	1038	面谈	v	1	0.007520
1017	瞭望	v	1	0.007520	1039	瞄	v	1	0.007520
1018	列	v	1	0.007520	1040	明确	v	1	0.007520
1019	领教	v	1	0.007520	1041	模仿	v	1	0.007520
1020	领受	v	1	0.007520	1042	磨炼	v	1	0.007520
1021	领悟	v	1	0.007520	1043	谋划	v	1	0.007520
1022	录音	v	1	0.007520	1044	目测	v	1	0.007520
1023	论证	v	1	0.007520	1045	目睹	v	1	0.007520
1024	罗列	v	1	0.007520	1046	难为	v	1	0.007520
1025	略读	v	1	0.007520	1047	拟	v	1	0.007520
1026	略论	v	1	0.007520	1048	念叨	v	1	0.007520
1027	麻痹	v	1	0.007520	1049	鸟瞰	v	1	0.007520
1028	麻醉	v	1	0.007520	1050	凝固	v	1	0.007520
1029	卖弄	v	1	0.007520	1051	怒斥	v	1	0.007520
1030	瞒	v	1	0.007520	1052	挪用	v	1	0.007520
1031	满意	v	1	0.007520	1053	排除	v	1	0.007520
1032	冒险	v	1	0.007520	1054	排遣	v	1	0.007520
1033	美化	v	1	0.007520	1055	排演	v	1	0.007520

续表

序号	搭配项	词性	频次	频率(%)	序号	搭配项	词性	频次	频率(%)
1056	攀	v	1	0.007520	1078	评判	v	1	0.007520
1057	攀谈	v	1	0.007520	1079	评述	v	1	0.007520
1058	盘	v	1	0.007520	1080	剖析	v	1	0.007520
1059	盘桓	v	1	0.007520	1081	铺垫	v	1	0.007520
1060	判	v	1	0.007520	1082	普及	v	1	0.007520
1061	判定	v	1	0.007520	1083	期望	v	1	0.007520
1062	判决	v	1	0.007520	1084	气	v	1	0.007520
1063	盼	v	1	0.007520	1085	迁	v	1	0.007520
1064	炮制	v	1	0.007520	1086	迁怒	v	1	0.007520
1065	陪	v	1	0.007520	1087	呛	v	1	0.007520
1066	佩	v	1	0.007520	1088	倾	v	1	0.007520
1067	佩服	v	1	0.007520	1089	清算	v	1	0.007520
1068	配	v	1	0.007520	1090	清洗	v	1	0.007520
1069	批注	v	1	0.007520	1091	请求	v	1	0.007520
1070	品尝	v	1	0.007520	1092	求	v	1	0.007520
1071	平复	v	1	0.007520	1093	求教	v	1	0.007520
1072	平均	v	1	0.007520	1094	屈指	v	1	0.007520
1073	平视	v	1	0.007520	1095	娶	v	1	0.007520
1074	平息	v	1	0.007520	1096	圈	v	1	0.007520
1075	评点	v	1	0.007520	1097	劝解	v	1	0.007520
1076	评定	v	1	0.007520	1098	劝阻	v	1	0.007520
1077	评估	v	1	0.007520	1099	瘸	v	1	0.007520

续表

序号	搭配项	词性	频次	频率(%)	序号	搭配项	词性	频次	频率(%)
1100	饶	v	1	0.007520	1122	深入	v	1	0.007520
1101	忍	v	1	0.007520	1123	审核	v	1	0.007520
1102	认清	v	1	0.007520	1124	失踪	v	1	0.007520
1103	扔	v	1	0.007520	1125	实验	v	1	0.007520
1104	润	v	1	0.007520	1126	试穿	v	1	0.007520
1105	润色	v	1	0.007520	1127	试问	v	1	0.007520
1106	润泽	v	1	0.007520	1128	试用	v	1	0.007520
1107	撒	v	1	0.007520	1129	试种	v	1	0.007520
1108	骚动	v	1	0.007520	1130	收集	v	1	0.007520
1109	扫除	v	1	0.007520	1131	手软	v	1	0.007520
1110	傻干	v	1	0.007520	1132	梳洗	v	1	0.007520
1111	煞	v	1	0.007520	1133	梳妆	v	1	0.007520
1112	删改	v	1	0.007520	1134	疏解	v	1	0.007520
1113	商定	v	1	0.007520	1135	疏远	v	1	0.007520
1114	商讨	v	1	0.007520	1136	熟悉	v	1	0.007520
1115	赏	v	1	0.007520	1137	耍	v	1	0.007520
1116	上晃	v	1	0.007520	1138	顺	v	1	0.007520
1117	上扬	v	1	0.007520	1139	肃清	v	1	0.007520
1118	设计	v	1	0.007520	1140	损害	v	1	0.007520
1119	射	v	1	0.007520	1141	贪	v	1	0.007520
1120	申说	v	1	0.007520	1142	叹	v	1	0.007520
1121	深究	v	1	0.007520	1143	探究	v	1	0.007520

续表

序号	搭配项	词性	频次	频率(%)	序号	搭配项	词性	频次	频率(%)
1144	探视	v	1	0.007520	1166	偷觑	v	1	0.007520
1145	探询	v	1	0.007520	1167	投诉	v	1	0.007520
1146	讨伐	v	1	0.007520	1168	透漏	v	1	0.007520
1147	讨教	v	1	0.007520	1169	透视	v	1	0.007520
1148	套用	v	1	0.007520	1170	突破	v	1	0.007520
1149	疼爱	v	1	0.007520	1171	推迟	v	1	0.007520
1150	提升	v	1	0.007520	1172	推辞	v	1	0.007520
1151	提携	v	1	0.007520	1173	推拿	v	1	0.007520
1152	体谅	v	1	0.007520	1174	推诿	v	1	0.007520
1153	体恤	v	1	0.007520	1175	退休	v	1	0.007520
1154	添	v	1	0.007520	1176	拖延	v	1	0.007520
1155	填	v	1	0.007520	1177	脱	v	1	0.007520
1156	填补	v	1	0.007520	1178	挖掘	v	1	0.007520
1157	调节	v	1	0.007520	1179	玩弄	v	1	0.007520
1158	调理	v	1	0.007520	1180	挽救	v	1	0.007520
1159	听取	v	1	0.007520	1181	挽留	v	1	0.007520
1160	停泊	v	1	0.007520	1182	威胁	v	1	0.007520
1161	停息	v	1	0.007520	1183	煨	v	1	0.007520
1162	停歇	v	1	0.007520	1184	违背	v	1	0.007520
1163	痛	v	1	0.007520	1185	违犯	v	1	0.007520
1164	痛打	v	1	0.007520	1186	委托	v	1	0.007520
1165	痛击	v	1	0.007520	1187	畏缩	v	1	0.007520

续表

序号	搭配项	词性	频次	频率(%)	序号	搭配项	词性	频次	频率(%)
1188	窝	v	1	0.007520	1210	协商	v	1	0.007520
1189	斡旋	v	1	0.007520	1211	协助	v	1	0.007520
1190	武装	v	1	0.007520	1212	心算	v	1	0.007520
1191	物色	v	1	0.007520	1213	信	v	1	0.007520
1192	牺牲	v	1	0.007520	1214	休闲	v	1	0.007520
1193	奚落	v	1	0.007520	1215	修炼	v	1	0.007520
1194	习惯	v	1	0.007520	1216	修整	v	1	0.007520
1195	袭击	v	1	0.007520	1217	修正	v	1	0.007520
1196	洗刷	v	1	0.007520	1218	羞	v	1	0.007520
1197	喜	v	1	0.007520	1219	羞辱	v	1	0.007520
1198	喜欢	v	1	0.007520	1220	叙说	v	1	0.007520
1199	戏弄	v	1	0.007520	1221	宣告	v	1	0.007520
1200	下沉	v	1	0.007520	1222	宣扬	v	1	0.007520
1201	显	v	1	0.007520	1223	旋转	v	1	0.007520
1202	显露	v	1	0.007520	1224	选编	v	1	0.007520
1203	献	v	1	0.007520	1225	选举	v	1	0.007520
1204	享乐	v	1	0.007520	1226	选择	v	1	0.007520
1205	想念	v	1	0.007520	1227	熏	v	1	0.007520
1206	想象	v	1	0.007520	1228	训斥	v	1	0.007520
1207	小便	v	1	0.007520	1229	讯问	v	1	0.007520
1208	校正	v	1	0.007520	1230	压低	v	1	0.007520
1209	效仿	v	1	0.007520	1231	压迫	v	1	0.007520

续表

序号	搭配项	词性	频次	频率(%)	序号	搭配项	词性	频次	频率(%)
1232	压缩	v	1	0.007520	1254	营救	v	1	0.007520
1233	压制	v	1	0.007520	1255	硬拼	v	1	0.007520
1234	押	v	1	0.007520	1256	硬挺	v	1	0.007520
1235	延宕	v	1	0.007520	1257	忧	v	1	0.007520
1236	严办	v	1	0.007520	1258	油炸	v	1	0.007520
1237	严格	v	1	0.007520	1259	娱乐	v	1	0.007520
1238	研讨	v	1	0.007520	1260	预备	v	1	0.007520
1239	研习	v	1	0.007520	1261	预计	v	1	0.007520
1240	掩护	v	1	0.007520	1262	预祝	v	1	0.007520
1241	演示	v	1	0.007520	1263	御览	v	1	0.007520
1242	佯装	v	1	0.007520	1264	冤	v	1	0.007520
1243	仰视	v	1	0.007520	1265	匀	v	1	0.007520
1244	仰望	v	1	0.007520	1266	运	v	1	0.007520
1245	养	v	1	0.007520	1267	运动	v	1	0.007520
1246	吆喝	v	1	0.007520	1268	栽赃	v	1	0.007520
1247	依附	v	1	0.007520	1269	暂停	v	1	0.007520
1248	议论	v	1	0.007520	1270	暂住	v	1	0.007520
1249	抑止	v	1	0.007520	1271	诈	v	1	0.007520
1250	意思	v	1	0.007520	1272	斩	v	1	0.007520
1251	吟哦	v	1	0.007520	1273	展览	v	1	0.007520
1252	迎接	v	1	0.007520	1274	张开	v	1	0.007520
1253	迎送	v	1	0.007520	1275	召集	v	1	0.007520

续表

序号	搭配项	词性	频次	频率(%)	序号	搭配项	词性	频次	频率(%)
1276	照耀	v	1	0.007520	1298	重申	v	1	0.007520
1277	照应	v	1	0.007520	1299	重视	v	1	0.007520
1278	遮掩	v	1	0.007520	1300	周转	v	1	0.007520
1279	折	v	1	0.007520	1301	煮	v	1	0.007520
1280	折中	v	1	0.007520	1302	嘱咐	v	1	0.007520
1281	斟	v	1	0.007520	1303	嘱托	v	1	0.007520
1282	振奋	v	1	0.007520	1304	驻	v	1	0.007520
1283	震荡	v	1	0.007520	1305	转达	v	1	0.007520
1284	争辩	v	1	0.007520	1306	转换	v	1	0.007520
1285	争论	v	1	0.007520	1307	转述	v	1	0.007520
1286	争取	v	1	0.007520	1308	转悠	v	1	0.007520
1287	整治	v	1	0.007520	1309	装	v	1	0.007520
1288	支撑	v	1	0.007520	1310	装点	v	1	0.007520
1289	支援	v	1	0.007520	1311	追问	v	1	0.007520
1290	制约	v	1	0.007520	1312	追寻	v	1	0.007520
1291	制止	v	1	0.007520	1313	追逐	v	1	0.007520
1292	炙	v	1	0.007520	1314	自觉	v	1	0.007520
1293	治疗	v	1	0.007520	1315	自诩	v	1	0.007520
1294	中断	v	1	0.007520	1316	综合	v	1	0.007520
1295	重办	v	1	0.007520	1317	纵	v	1	0.007520
1296	重读	v	1	0.007520	1318	走访	v	1	0.007520
1297	重复	v	1	0.007520	1319	阻挡	v	1	0.007520

续表

序号	搭配项	词性	频次	频率(%)	序号	搭配项	词性	频次	频率(%)
1320	阻拦	v	1	0.007520	1332	狐假虎威	i	2	0.015041
1321	组装	v	1	0.007520					
1322	活动	v	1	0.007520	1333	假公济私	i	1	0.007520
1323	爱抚	v	1	0.007520					
1324	吃喝	v	1	0.007520	1334	扪心自问	i	1	0.007520
1325	换位	v	1	0.007520					
1326	清唱	v	1	0.007520	1335	面面相觑	i	1	0.007520
1327	试唱	v	1	0.007520					
1328	PK	nx	1	0.007520	1336	如法炮制	i	1	0.007520
1329	view re-source	nx	1	0.007520					
1330	哗众取宠	i	3	0.022561	1337	左顾右盼	i	1	0.007520
1331	东张西望	i	2	0.015041	合计	1337(词数)、17940(频次)、0.700158(频率)			

① 在本语料库中，部分动词有多个义项，与“一下 2”搭配的义项，统一标注为“V2”，如“扫 2”“抓 2”等。

② 在此表中，v 表示动词，i 表示成语，nx 表示英语词。

③ 频次指在 13297 条检索例句中，动词与“一下 2”的共现次数。

④ 频率指在 13297 条检索例句中，动词与“一下 2”的共现次数所占比例。

附表 4　　　“一下 2”其他词类搭配项降频词

序号	搭配项[①]	词性[②]	频次[③]	频率[④]（%）	序号	搭配项	词性	频次	频率（%）
1	迟疑	a	157	1.180717	23	安静	a	3	0.022561
2	犹豫	a	135	1.015267	24	低	a	3	0.022561
3	热闹	a	14	0.105287	25	乐	a	3	0.022561
4	沉默	a	12	0.090246	26	暗淡	a	2	0.015041
5	静	a	11	0.082725	27	得意	a	2	0.015041
6	冷静	a	11	0.082725	28	尴尬	a	2	0.015041
7	松弛	a	10	0.075205	29	紧张	a	2	0.015041
8	黑	a	8	0.060164	30	惊喜	a	2	0.015041
9	镇静	a	8	0.060164	31	快活	a	2	0.015041
10	平静	a	7	0.052643	32	快乐	a	2	0.015041
11	镇定	a	7	0.052643	33	冷	a	2	0.015041
12	红	a	6	0.045123	34	努力	a	2	0.015041
13	轻松	a	6	0.045123	35	偏	a	2	0.015041
14	清醒	a	6	0.045123	36	软	a	2	0.015041
15	高兴	a	5	0.037602	37	稳定	a	2	0.015041
16	激灵	a	5	0.037602	38	安定	a	1	0.007520
17	客气	a	5	0.037602	39	黯淡	a	1	0.007520
18	热	a	5	0.037602	40	畅快	a	1	0.007520
19	犹疑	a	5	0.037602	41	沉寂	a	1	0.007520
20	暗	a	4	0.030082	42	沉静	a	1	0.007520
21	痛快	a	4	0.030082	43	沉着	a	1	0.007520
22	幽默	a	4	0.030082	44	迟	a	1	0.007520

续表

序号	搭配项	词性	频次	频率(%)	序号	搭配项	词性	频次	频率(%)
45	大方	a	1	0.007520	66	平衡	a	1	0.007520
46	愤怒	a	1	0.007520	67	谦虚	a	1	0.007520
47	丰富	a	1	0.007520	68	轻薄	a	1	0.007520
48	缓和	a	1	0.007520	69	轻瘪	a	1	0.007520
49	机灵	a	1	0.007520	70	清	a	1	0.007520
50	激动	a	1	0.007520	71	轻盈	a	1	0.007520
51	骄傲	a	1	0.007520	72	洒脱	a	1	0.007520
52	紧	a	1	0.007520	73	奢侈	a	1	0.007520
53	惊奇	a	1	0.007520	74	舒服	a	1	0.007520
54	惊讶	a	1	0.007520	75	疏松	a	1	0.007520
55	净	a	1	0.007520	76	松散	a	1	0.007520
56	窘	a	1	0.007520	77	晚	a	1	0.007520
57	开心	a	1	0.007520	78	婉约	a	1	0.007520
58	浪漫	a	1	0.007520	79	委屈	a	1	0.007520
59	劳累	a	1	0.007520	80	萧条	a	1	0.007520
60	凉	a	1	0.007520	81	潇洒	a	1	0.007520
61	亮	a	1	0.007520	82	小	a	1	0.007520
62	麻烦	a	1	0.007520	83	兴奋	a	1	0.007520
63	难受	a	1	0.007520	84	痒	a	1	0.007520
64	暖和	a	1	0.007520	85	阴	a	1	0.007520
65	平等	a	1	0.007520	86	着急	a	1	0.007520

续表

<table>
<tr><th>序号</th><th>搭配项</th><th>词性</th><th>频次</th><th>频率(%)</th><th>序号</th><th>搭配项</th><th>词性</th><th>频次</th><th>频率(%)</th></tr>
<tr><td>87</td><td>真诚</td><td>a</td><td>1</td><td>0.007520</td><td>90</td><td>GOOGLE</td><td>nx</td><td>1</td><td>0.007520</td></tr>
<tr><td rowspan="2">88</td><td rowspan="2">柔情似水</td><td rowspan="2">i</td><td rowspan="2">1</td><td rowspan="2">0.007520</td><td>91</td><td>happy</td><td>nx</td><td>1</td><td>0.007520</td></tr>
<tr><td>92</td><td>high</td><td>nx</td><td>1</td><td>0.007520</td></tr>
<tr><td>89</td><td>恶作剧</td><td>n</td><td>1</td><td>0.007520</td><td>合计</td><td colspan="4">92(词数)、523(频次)、3.933218、(频率)</td></tr>
</table>

① 在此表中,a 表示形容词,i 表示成语,n 表示名词,nx 表示英语词。

② 频次指在 13297 条检索例句中,形容词等与"一下 2"的共现次数。

③ 频率指在 13297 条检索例句中,形容词等与"一下 2"的共现次数所占比例。

参考文献

1. B. Heine, U. Claudi & F. Hunnemeyer. *Grammaticalization: A conceptual Framework*. Chicago: University of Chicago Press, 1991.

2. E. Verhoeven et al. *Studies on Grammaticalization*. Berlin/New York: Mouton de Gruyter, 2008.

3. Paul J. Hopper & Elizabeth Closs Traugott. *Grammaticalization*. Cambridge: Cambridge University Press, 2003.

4. 陈前瑞:《动词重叠的情状特征及其体的地位》,载《语言教学与研究》2001 年第 4 期。

5. 陈前瑞:《汉语体貌研究的类型学研究》,商务印书馆 2008 年版。

6. 程森凤:《现代汉语动量词研究》,扬州大学硕士学位论文,2009 年。

7. 储泽祥、谢晓明:《汉语语法化研究中应该重视的若干问题》,载《世界汉语教学》2002 年第 2 期。

8. 崔诚恩:《现代汉语情态副词研究》,中国社会科学院研究生院博士学位论文,2002 年。

9. 戴耀晶:《现代汉语短时体的语义分析》,载《语文研究》1993 年第 2 期。

10. 戴耀晶:《现代汉语时体系统研究》,浙江教育出版社 1997 年版。

11. 单宝顺、肖玲:《"一下"与礼貌原则》,载《辽东学院学报》(社会科学版)2009 年第 2 期。

12. 邓耀臣:《词语搭配研究中的统计方法》,载《大连海事大学学报》(社会科学版)2003 年第 4 期。

13. 董大年:《现代汉语分类大词典》,上海辞书出版社 2007 年版。

14. 范晓:《三个平面的语法观》,北京语言文化大学出版社 1996 年版。

15. 方梅:《宾语与动量词语的次序问题》,载《中国语文》1993 年第 1 期。

16. 方寅、张成福:《动词与动量词搭配规律的认知分析》,载《徐州师范大学学报》2007 年第 2 期。

17. 付宁:《语法化视角下的现代汉语单音方位词研究》,山东大学博士学位论文,2009 年。

18. 甘智林:《"V+一下"格式的歧义现象》,载《安徽农业大学学报》(社会科学版) 2005 年第 1 期。

19. 甘智林:《"V+一下 2"式的语法意义》,载《湖南文理学院学报》(社会科学版)2004 年第 5 期。

20. 甘智林、带宾:《"V+一下 1"、"V+一下 2"式的语序问题》,载《长沙铁道学院学报》(社会科学版)2005 年第 1 期。

21. 甘智林:《动量词"下"、"次"语义特征的比较研究》,载《湖南文理学院学报》(社会科学版)2008 年第 3 期。

22. 甘智林:《非自主动词也可以进入"V+一下 2"格式》,载《汉语学报》2005 年第 2 期。

23. 甘智林:《论动量词"下"的语义特征》,载《湖南工业大学学报》(社会科学版)2008 年第 4 期。

24. 高航、严辰松:《语用学在中国 20 年综述》,载《解放军外国语学院学报》2004 年第 4 期。

25. 高玲玲:《视觉动词 SEE 语义演变的认知语用阐释》,载《安徽大学学报》(哲学社会科学版)2008 年第 3 期。

26. 高频:《“V＋一下”格式中动词的选择限制初探》,载《甘肃广播电视大学学报》2008 年第 2 期。

27. 高频:《“一下”的语法化研究》,载《甘肃社会科学》2008 年第 4 期。

28. 高频:《论“一下”》,上海师范大学硕士学位论文,2008 年。

29. 高文盛:《动量词“回”“次”的差异及其运用》,载《西北农林科技大学学报》(社会科学版)2008 年第 2 期。

30. 顾曰国:《John Searle 的言语行为理论评判与借鉴》,载《当代语言学》1994 年第 3 期。

31. 顾曰国:《John Searle 的言语行为理论与心智哲学》,载《国外语言学》1994 年第 2 期。

32. 顾曰国:《礼貌、语用与文化》,载《外语教学与研究》1992 年第 4 期。

33. 郭锐:《过程与非过程——汉语谓词性成分的两种外在时间类型》,载《中国语文》1997 年第 3 期。

34. 郭锐:《汉语动词的过程结构》,载《中国语文》1993 年第 6 期。

35. 郭锐:《现代汉语词类研究》,商务印书馆 2002 年版。

36. 郭先珍:《现代汉语量词用法词典》,语文出版社 2002 年版。

37. 何杰:《现代汉语量词研究》,民族出版社 2001 年版。

38. 何兆熊:《新编语用学概要》,上海外语教育出版社 2000 年版。

39. 何自然、陈新仁:《当代语用学》,外语教学与研究出版社 2004 年版。

40. 侯孟青:《语言渐变现象的研究——从语法梯度理论到语法化理论》,载《天津外国语学院学报》2002 年第 2 期。

41. 胡晓慧:《20 世纪 90 年代以来汉语语法化研究述评》,载《西南交通大学学报》(社会科学版) 2008 年第 3 期。

42. 胡孝斌:《试论动词重叠“VV”式与动词“V 一下”式的差异》,载《汉语学习》1997 年第 2 期。

43. 华玉明:《主观意愿和动词重叠及其语法行为》,载《语文研究》2010 年第 4 期。

44. 黄昌宁、李娟子:《语料库语言学》,商务印书馆 2002 年版。

45. 惠红军:《汉语量词研究》,四川大学博士学位论文,2009 年。

46. 姜望琪:《当代语用学》,北京大学出版社 2003 年版。

47. 蒋湘平:《对“V 一下 2”格式的语用考察》,载《汉语学习》2012 年第 4 期。

48. 蒋湘平:《现代汉语短时体研究》,北京师范大学博士学位论文,2008 年。

49 金福芬、陈国华:《汉语量词的语法化》,载《清华大学学报》2002 年第 1 期。

50. 金桂桃:《宋元明清动量词研究》,武汉大学出版社 2007 年版。

51. 李福印:《语义学概论》,北京大学出版社 2006 年版。

52. 李临定:《现代汉语动词》,中国社会科学出版社 1990 年版。

53. 李路:《现代汉语瞬间动词及相关问题研究》,上海师范大学硕士学位论文,2009 年。

54. 李玫雨:《现代汉语数量表达研究》,上海师范大学博士学位论文,2001 年。

55. 李敏:《现代汉语非现实范畴的句法实现》,华东师范大学博士学位论文,2006 年。

56. 李讷、石毓智:《句子中心动词及其宾语之后谓词性——成分的变迁与量词语法化的动因》,载《语言研究》1998 年第 1 期。

57. 李善熙:《汉语“主观量”的表达研究》,中国社会科学院研究生院博士学位论文,2003 年。

58. 李兴亚:《宾语和数量补语的次序》,载北京语言学院语言教学研究所:《现代汉语补语研究资料》,北京语言学院出版社 1992

年版。

59. 李秀萍:《说“一下”》,东北师范大学硕士学位论文,2007 年。

60. 李永:《汉语动词语法化研究》,山东大学博士学位论文,2004 年。

61. 李宇明:《动词重叠的若干句法问题》,载《中国语文》1998 年第 2 期。

62. 李宇明:《动词重叠与动词带数量补语》,载中国语文杂志社编:《语法研究和探索》(九),商务印书馆 1999 年版。

63. 李宇明:《汉语量范畴研究》,华中师范大学出版社 2000 年版。

64. 李宇明:《论词语重叠的意义》,载《世界汉语教学》1996 年第 1 期。

65. 李宇明:《数量词与主观量》,载《华中师范大学学报》1999 年第 6 期。

66. 李允玉:《“VV”“V 一下”“V 一会儿”格式与动词的选用》,载《上海师范大学学报》2001 年第 5 期。

67. 林杏光、菲白:《简明汉语义类词典》,商务印书馆 1987 年版。

68. 凌剑春:《语法化中语义主观化探析》,载《长沙理工大学学报》2009 年第 2 期。

69. 刘丹青:《话题的结构与功能》,上海教育出版社 1992 年版。

70. 刘辉:《现代汉语事件量词的语义和句法》,上海师范大学博士学位论文,2009。

71. 刘坚、曹广顺、吴福祥:《论诱发汉语词汇语法化的若干因素》,载《庆祝中国社会科学院语言所建所 54 周年学术论文集》,商务印书馆 1997 年版。

72. 刘坚:《论诱发汉语词汇语法化的若干因素》,载《中国语文》1995 年第 3 期。

73. 刘街生:《现代汉语动量词的语义特征分析》,载《语言研究》

2003年第2期。

74. 刘世儒:《汉语动量词的起源》,载《中国语文》1959年第6期。

75. 刘世儒:《魏晋南北朝量词研究》,中华书局1965年版。

76. 刘文思:《跨语言视角的现代汉语动量词研究》,南昌大学硕士学位论文,2010年。

77. 刘晓然:《汉语量词短语的词汇化》,载《语言研究》2006年第1期。

78. 刘月华:《动词重叠的表达功能及可重叠动词的范围》,载《语法研究和探索》,商务印书馆1984年版。

79. 刘月华:《动量词"下"与动词重叠比较》,载《汉语学习》1983年第6期。

80. 刘月华:《实用现代汉语语法》(增订本),商务印书馆2001年版。

81. 卢福波、吴莹:《请求句中"V"、"V一下"与"VV"的语用差异》,载《语言教学与研究》2005年第4期。

82. 鲁松、白硕:《自然语言处理中词语上下文有效范围的定量描述》,载《计算机学报》2001年第7期。

83. 路葳葳:《"V一下"结构语义分析》,载《白城师范学院学报》2010年第1期。

84. 罗丽莉:《礼貌原则在话语标记语中的语用功能体现》,载《宁波大学学报》(人文科学版)2007年第4期。

85. 吕叔湘:《现代汉语八百词》(增订本),商务印书馆2002年版。

86. 吕叔湘:《中国文法要略》,商务印书馆1982年版。

87. 马庆株:《动词后面时量成分与名词的先后顺序》,载《语言学论丛》第十三辑,商务印书馆1984年版。

88. 马庆株:《汉语动词和动词性结构》,北京大学出版社2005年版。

89. 马庆株:《时量宾语和动词的类》,载《中国语文》1981 年第 2 期。

90. 马庆株:《数词、量词的语义成分和数量结构的语法功能》,载《中国语文》1990 年第 3 期。

91. 梅家驹等:《同义词词林》,上海辞书出版社 1996 年版。

92. 梅琦:《“一下”的语用功能》,兰州大学硕士学位论文,2012 年。

93. 苗茜:《近十年国内汉语话语标记研究的进展》,载《理论界》2011 年第 6 期。

94. 彭睿:《语法化“扩展”效应及相关理论问题》,载《汉语学报》2009 年第 1 期。

95. 彭嫣:《语法化理论研究综述》,载《新疆师范大学学报》2011 年第 9 期。

96. 齐沪扬:《现代汉语短语》,华东师范大学出版社 2000 年版。

97. 秦洪武:《汉语“动词＋时量短语”结构的情状类型和界性分析》,载《当代语言学》2002 年第 2 期。

98. 曲建华:《汉语动量词语法功能溯源》,载《呼伦贝尔学院学报》2011 年第 3 期。

99. 冉永平:《礼貌的语用研究》,载《外国语言文学研究》2001 年第 2 期。

100. 荣晶:《昆明话和普通话“VV”、“V(一)下”的功能、形式对比》,载《云南民族大学学报》(哲学社会科学版) 2005 年第 1 期。

101. 邵敬敏、马婧:《新兴组合“X 一下”的泛化趋势及其修辞价值》,载《修辞学习》2009 年第 2 期。

102. 邵敬敏:《动量词的语义分析及其与动词的选择关系》,载《中国语文》1996 年第 2 期。

103. 邵敬敏:《汉语语法的立体研究》,商务印书馆 2001 年版。

104. 邵勤:《动量词研究综述》,载《江苏教育学院学报》(社会科学版)2005 年第 7 期。

105. 邵勤:《汉语动量词认知研究》,华东师范大学硕士学位论文,2005 年。

106. 沈家煊、吴福祥、马贝加:《语法化与语法研究》,商务印书馆 2005 年版。

107. 沈家煊:《R. W. Langacker 的“认知语法”》,载《国外语言学》1994 年第 1 期。

108. 沈家煊:《有界与无界》,载《中国语文》1995 年第 5 期。

109. 沈家煊:《语言的“主观性”和“主观化”》,载《外语教学与研究》2001 年第 4 期。

110. 沈家煊:《再谈“有界”与“无界”》,载《语言学论丛》(第三十辑),商务印书馆 2004 年版。

111. 盛林:《从单纯表量到多元化表意——试论汉语历时发展中的“数量名”结构》,载《山东大学学报》2004 年第 1 期。

112. 盛林:《现代汉语的量词短语与量词式结构》,载《世界汉语教学》2003 年第 2 期。

113. 盛玉麒:《语言文字信息处理》,山东大学出版社 2006 年版。

114. 石定栩:《动词后数量短语的句法地位》,载《汉语学报》2006 年第 1 期。

115. 石毓智、白解红:《将来时标记向认识情态功能的衍生》,载《解放军外国语学院学报》2007 年第 1 期。

116. 石毓智、李讷:《汉语语法化的历程》,北京大学出版社 2004 年版。

117. 石毓智:《表物体形状的量词的认知基础》,载《语言教学与研究》2001 年第 1 期。

118. 石毓智:《肯定和否定的对称与不对称》,北京语言文化大学出版社 2001 年版。

119. 石毓智:《论汉语的体标记》,载《中国社会科学》1992 年第 6 期。

120. 石毓智:《现代汉语语法系统的建立——动补结构的产生和影响》,北京语言大学出版社 2003 年版。

121. 石毓智:《语法的认知语义基础》,江西教育出版社 2000 年版。

122. 石毓智:《语法化的动因和机制》,北京大学出版社 2006 年版。

123. 史金生:《现代汉语副词的语义功能研究》,南开大学博士学位论文,2002 年。

124. 束定芳:《论隐喻的运作机制》,载《外语教学与研究》2002 年第 2 期。

125. 束定芳:《言语行为理论述评》,载《外语教学》1989 年第 2 期。

126. 束定芳:《隐喻学研究》,上海外语教育出版社 2000 年版。

127. 税昌锡:《动词界性分类试说》,载《暨南学报》(哲学社会科学版) 2005 年第 3 期。

128. 苏新春:《词汇计量及实现》,商务印书馆 2010 年版。

129. 苏新春:《计量方法在词汇研究中的作用及频级统计法》,载《长江学术》2007 年第 2 期。

130. 孙朝奋:《汉语数量词在话语中的功能》,载戴浩一、薛风生主编:《功能主义与汉语语法》,北京语言学院出版社 1994 年版。

131. 孙英杰:《现代汉语体系统研究》,黑龙江人民出版社 2007 年版。

132. 宛新政:《现代汉语致使句研究》,浙江大学出版社 2005 年版。

133. 汪大昌、李代祥:《近年来汉语数量表达的若干变化》,载《语文建设》2000 年第 5 期。

134. 汪化云:《论时态副词“一”》,载《上海师范大学学报》1994 年第 1 期。

135. 汪腊萍:《词项搭配的定量分析方法》,载《上海师范大学学报》(哲学社会科学版) 2006 年第 6 期。

136. 王丹:《界限理论在汉语动词中的应用》,载《沈阳航空工业学院学报》2007 年第 6 期。

137. 王冬梅:《现代汉语量词研究综述》,载《扬州大学学报》1997 年第 6 期。

138. 王静:《“个别性”与动量后量成分和名词的语序》,载《语言教学与研究》2001 年第 1 期。

139. 王力:《中国现代语法》,商务印书馆 1985 年版。

140. 王绍新:《课余丛稿》,北京语言文化大学出版社 2000 年版。

141. 卫乃兴:《基于语料库和语料库驱动的词语搭配研究》,载《当代语言学》2002 年第 2 期。

142. 文旭、伍倩:《话语主观性在时体范畴中的体现》,载《外语学刊》2007 年第 2 期。

143. 吴东平:《数量词的文化建构》,载《河南师范大学学报》2002 年第 5 期。

144. 吴福祥:《汉语语法化研究的当前课题》,载《语言研究》2005 年第 2 期。

145. 吴福祥:《近年来语法化研究的进展》,载《外语教学与研究》2004 年第 1 期。

146. 吴福祥:《汉语语法化研究》,商务印书馆 2005 年版。

147. 吴福祥:《汉语主观化与主观化研究》,商务印书馆 2011 年版。

148. 吴福祥:《语言学前沿与汉语研究》,上海教育出版社 2005 年版。

149. 吴怀成:《动量词与宾语的选择问题》,载《汉语学报》2011 年第 1 期。

150. 吴雅慧:《数词有限制的数量结构》,载《语言教学与研究》1994 年第 4 期。

151.［日］相原茂:《数量补语"一下"》,沙野译,载《汉语学习》1984 年第 4 期。

152. 向明友:《基于语料库的英语语法化研究》,载《北京航空航天大学学报》(社会科学版) 2010 年第 1 期。

153. 萧国政、李汛:《试论 V 一 V 和 VV 的差异》,载《华中师范大学学报》(哲社版) 1988 年第 6 期。

154. 邢红兵:《基于第三代语料库的信息领域术语动态更新》,载《语言文字应用》2000 年第 2 期。

155. 徐晶凝:《情态表达与时体表达的互相渗透——兼谈语气助词的范围确定》,载《汉语学习》2008 年第 2 期。

156. 徐连祥:《动词重叠式 VV 与 V 一 V 的语用差别》,载《中国语文》2002 年第 2 期。

157. 徐烈炯、潘海华:《焦点结构和意义的研究》,外语教学与研究出版社 2005 年版。

158. 薛宏武:《现代汉语动词重叠式的句考察》,载《第七届中文信息处理国际会议第七届中文信息处理国际会议》,2007 年。

159. 颜红菊:《话语标记的主观性和语法化——从"真的"的主观性和语法化谈起》,载《湖南科技大学学报》(社会科学版) 2006 年第 6 期。

160. 杨春吉:《数量结构"一下"的衍生及其发展》,载《云南师范大学学报》(对外汉语教学与研究版) 2006 年第 6 期。

161. 杨素英:《现代汉语数量表达问题研究》,载《语言文字应用》2004 年第 2 期。

162. 姚双云、储泽祥:《汉语动词后时量、动量、名量成分不同现情况考察》,载《语言科学》2003 年第 5 期。

163. 姚晓波:《动量短语的语法功能》,载《渤海大学学报》(哲学社会科学版) 2005 年第 11 期。

164. 殷焕先、何平:《现代汉语常用量词词典》,山东大学出版社 1991 年版。

165. 殷志平:《动词前成分“一”的探讨》,载《中国语文》1999 年第 2 期。

166. 于立昌:《汉语行为称数法历史演变研究》,北京师范大学博士学位论文,2007 年。

167. 袁毓林:《现代汉语祈使句研究》,北京大学出版社 1993 年版。

168. 詹开第:《口语里两种表示动相的格式》,载《句型和动词》,语文出版社 1987 年版。

169. 詹全旺:《英语增强词 terribly 的主观化——一项基于语料库的研究》,载《外国语》2009 年第 5 期。

170. 张伯江、方梅:《汉语功能语法研究》,江西教育出版社 2001 年版。

171. 张德岁:《汉语谓词性成分的界定》,载《宿州教育学院学报》2010 年第 6 期。

172. 张国宪:《现代汉语形容词功能与认知研究》,商务印书馆 2006 年版。

173. 张红欣:《20 世纪 80 年代以来的汉语动量词研究》,载《语言理论研究》2006 年第 3 期。

174. 张磊:《汉英视觉动词语法化的认知研究》,中央民族大学博士学位论文,2006 年。

175. 张美兰:《论〈五灯会元〉中同形动量词》,载《南京师大学报》1996 年第 1 期。

176. 张其云、刘小玲:《论语法化现象内部机制的认知体验基础》,载《外语学刊》2009 年第 2 期。

177. 张喜洪:《现代汉语情态范畴初论》,四川师范大学硕士学位论文,2008 年。

178. 张谊生:《语法化现象在不同层面中的句法表现》,载《语文研究》2010 年第 4 期。

179. 赵微:《指令行为与汉语祈使句研究》,复旦大学博士学位论文,2005 年。

180. 赵学德、王晴:《国外语法化理论探究》,载《西安外国语大学学报》2009 年第 3 期。

181. 赵艳芳:《认知语言学概论》,上海外语教育出版社 2001 年版。

182. 赵元任:《汉语口语语法》,吕叔湘译,商务印书馆 1979 年版。

183. 赵长才:《汉语述补结构的历时研究》,中国社会科学院博士学位论文,2000 年。

184. 赵志清:《基于言语行为理论的"把"字句研究》,北京大学博士学位论文,2012 年。

185. 郑桦:《动量词的来源》,载《宁夏大学学报》(人文社会科学版) 2005 年第 2 期。

186. 郑桦:《动量词的流变》,载《西北第二民族学院学报》2005 年第 2 期。

187. 钟守满、姚明发:《近 50 年来"言语行为"理论研究的发展与反思》,载《江西教育学院学报》(社会科学版) 2004 年第 4 期。

188. 周纯梅:《20 世纪 90 年代以来的现代汉语量词研究综述》,载《湖北广播电视大学学报》2006 年第 3 期。

189. 周娟:《现代汉语动词与动量词组合研究》,暨南大学博士学位论文,2007 年。

190. 朱德熙:《数词与数词结构》,载《中国语文》1958 年第 4 期。

191. 朱德熙:《语法丛稿》,上海教育出版社 1989 年版。

192. 朱德熙:《语法答问》,商务印书馆 1985 年版。

193. 朱丽萍:《"V 一下"格式研究》,上海师范大学硕士学位论文,2007 年。